Lust auf Land

Obst- und Blechkuchen

Unser Verlagsprogramm finden Sie unter www.christian-verlag.de

Produktmanagement: Sabine Scheurer
Textredaktion: bookwise medienproduktion gmbh
Satz: Maja Mayer für bookwise medienproduktion gmbh
Layout und Umschlaggestaltung: Barbara Markwitz

Fotografie: StockFood GmbH, München
Herstellung: Bettina Schippel
Repro: Repro Ludwig, Zell am See

Druck und Bindung: Printer Trento
Printed in Italy

Die Deutsche Nationalbibliothek verzeichnet diese Publikation
in der Deutschen Nationalbibliografie;
detaillierte bibliografische Daten sind im Internet über
http://dnb.d-nb.de abrufbar.

© 2011, Christian Verlag GmbH, München
1. Auflage 2011
Alle Rechte vorbehalten.

ISBN 978-3-86244-041-2

Alle Angaben in diesem Werk wurden sorgfältig recherchiert
und auf den aktuellen Stand gebracht sowie vom Verlag geprüft.
Für die Richtigkeit der Angaben kann jedoch keinerlei Haftung übernommen werden.
Für Hinweise und Anregungen sind wir jederzeit dankbar. Bitte richten Sie diese an:

Christian Verlag
Postfach 400209
80702 München
E-Mail: lektorat@verlagshaus.de

Lust auf Land

Obst- und Blechkuchen

CHRISTIAN

Inhalt

Vorwort

Obst wie Kirschen, Beeren oder Äpfel sind pur bereits ein Genuss. Doch die Süße der Früchte geht mit luftigem Biskuit, feinem Mürbeteig oder erfrischender Quarkfüllung wunderbare Verbindungen ein. Kuchen und Torten mit Obst sind deshalb zu jeder Jahreszeit und zu jedem Anlass auf der Kaffeetafel zu finden.

Ganzjährig gibt es eine große Auswahl an Früchten – ob in bewährter Form von frischen Beeren, Kirschen, Rhabarber, Äpfel und Birnen oder exotisch wie Granatapfelkerne und Ananas. Eingelegte Früchte aus dem Glas bringen die Sommersonne auch im Winter nochmals auf den Tisch.

Genießen Sie Tortenklassiker wie Erdbeertorte, Marzipan-Birnen-Torte oder eine festliche Schokoladeneistorte mit Beerenhaube.

Bienenstich und Donauwelle stehen für bewährten Genuss. Hefe- und Streuselkuchen vom Blech mit Quark- oder Mohnfüllung sind für den Nachmittagskaffee ideal.

Trendkuchen wie der Apfel-Joghurt-Kuchen auf Müsliboden oder der Holunderschaum auf Mandelbiskuit nehmen überraschende Formen und Geschmacksnoten an.

Und für die kleine Kaffeetafel empfehlen sich zum Beispiel Aprikosen-Lavendel-Törtchen oder die Karlsbader Oblatentorte mit Kaffeecreme in Miniaturform.

Lassen Sie sich von der Fülle an Früchten und Beeren inspirieren, die das Land zu bieten hat – ob frisch vom Markt oder aus dem eigenen Garten.

Wir wünschen viel Freude beim Backen!

Torten-klassiker

Biskuitkuchen
mit Sahnecreme

**Zutaten für 1 Springform
(20 cm Durchmesser)**

Für den Teig:

5 Eier

½ TL Zitronensaft

1 Päckchen Vanillezucker

100 g Zucker

100 g Mehl

50 g Stärke

1 Msp. Backpulver

Für die Füllung:

3 Blatt weiße Gelatine

350 g kalte Sahne
(30 % Fett)

50 g Puderzucker

Zuckerfiguren zum Verzieren

Zubereitungszeit: 40 Minuten
Backzeit: 40 – 45 Minuten

1 Den Backofen auf 180 °C Ober- und Unterhitze vorheizen. Den Boden einer kleinen Springform fetten und bemehlen. Die Eier trennen, die Eiweiße mit dem Zitronensaft und dem Vanillezucker zu einem steifen Schnee schlagen. Die Eigelbe in einer Schüssel mit dem Zucker schaumig rühren. Das Mehl mit der Stärke und dem Backpulver vermischen. Den Eischnee unter die Eigelbmasse heben, die Mehlmischung darübersieben und mit einem Schneebesen unterheben. Den Teig sofort in die vorbereitete Form füllen und im vorgeheizten Backofen 40 – 45 Minuten hell backen. Stäbchenprobe durchführen (siehe unten).

2 Den fertigen Biskuit 5 Minuten in der Form stehen lassen, dann auf ein Kuchengitter stürzen und auskühlen lassen.

3 Den erkalteten Kuchen quer in drei Teile schneiden.

4 Für die Füllung die Gelatine 10 Minuten in kaltem Wasser einweichen. Dann ausdrücken und in einem kleinen Topf in 2 – 3 Esslöffeln Wasser auflösen, vom Herd nehmen und lauwarm abkühlen lassen.

5 Die Sahne steif schlagen, die Gelatine unterziehen und den Puderzucker einrühren.

6 Etwa ⅓ der Creme auf dem unteren und dem mittleren Kuchenboden verstreichen, alle drei Schichten zusammensetzen und die restliche Creme außen herum verstreichen. Mit Zuckerfiguren verzieren und bis zum Servieren kühl stellen.

Stäbchenprobe: Mit einem Holzstäbchen mittig, leicht schräg in den Kuchen stechen und das Stäbchen wieder herausziehen. Bleibt kein Teig kleben und fühlt sich das Stäbchen trocken an, ist der Kuchen fertig, falls nicht, noch einige Minuten weiterbacken.

Himbeercremetorte
mit Mascarponefüllung

Zutaten für 1 Springform
(26 cm Durchmesser)

Für den Teig:

6 Eier

1 Prise Salz

180 g Zucker

1 Msp. abgeriebene Schale von
einer unbehandelten Zitrone

150 g Mehl

30 g Stärke

Für die Füllung und den Überzug:

500 g Himbeeren

3 Blatt weiße Gelatine

400 g Sahne
(30 % Fett)

100 g Puderzucker

200 g Mascarpone

Zuckerblüten zum Verzieren

Zubereitungszeit: 45 Minuten
Backzeit: 40–50 Minuten

1 Den Backofen auf 180 °C Ober- und Unterhitze vorheizen. Den Boden einer Springform gut fetten und bemehlen, den Rand nicht fetten.

2 Für den Teig die Eier trennen und die Eiweiße mit einer Prise Salz steif schlagen, die Hälfte des Zuckers dabei einrieseln lassen. Die Eigelbe mit dem restlichen Zucker und der Zitronenschale schaumig rühren. Mehl mit Stärke vermischen. Den Eischnee unter die Eigelbmasse heben, das Mehl darübersieben und vorsichtig unterheben. Den Teig sofort in die Form füllen und im vorgeheizten Backofen auf der mittleren Schiene 40–50 Minuten backen. Stäbchenprobe durchführen (siehe Seite 10).

3 Den Tortenboden herausnehmen, 10 Minuten in der Form stehen lassen und dann den Rand der Springform vorsichtig lösen. Den Boden vollständig auskühlen lassen, erst jetzt zweimal quer durchschneiden.

4 Für die Füllung die Himbeeren verlesen, waschen, abtropfen lassen und 150 Gramm der Beeren fein pürieren.

5 Die Gelatine in kaltem Wasser 10 Minuten einweichen. Dann herausnehmen, ausdrücken und in einem kleinen Topf in 3 Esslöffeln Wasser auflösen, vom Herd nehmen und lauwarm abkühlen lassen.

6 Die Sahne steif schlagen, die lauwarme Gelatine unterziehen und den Puderzucker einrühren. Die Hälfte der geschlagenen Sahne mit den pürierten Himbeeren vermischen. Die Tortenböden mit der Mascarpone bestreichen und gleichmäßig mit den restlichen Himbeeren belegen. Die übrige Sahne gleichmäßig darauf verteilen und die Tortenböden zusammensetzen. Die Himbeersahne außen verstreichen. Die Torte bis zum Servieren kühl stellen und erst kurz zuvor mit den Zuckerblüten verzieren.

Topfentorte
mit Erdbeeren

Zutaten für 1 Springform
(26 cm Durchmesser)

Für den Teig:

3 Eier · 150 g Zucker

150 g Mehl · 1 TL Backpulver

Für die Creme:

8 Blatt weiße Gelatine

1 Eigelb · 150 g Puderzucker · 250 ml Milch

abgeriebene Schale und Saft
von ½ unbehandelten Zitrone

500 g Topfen (abgetropfter Magerquark)

200 g Sahne (30 % Fett)

350 g Erdbeeren · 1 Päckchen roter Tortenguss

80 g Mandelblättchen

Zubereitungszeit: 1 Stunde
Backzeit: 30 – 40 Minuten
Kühlzeit: 1 Stunde

1 Den Backofen auf 180 °C Ober- und Unterhitze vorheizen. Den Boden einer Springform fetten und bemehlen.

2 Für den Teig die Eier trennen und die Eiweiße mit 3 Esslöffeln kaltem Wasser steif schlagen. Den Zucker dabei nach und nach einrieseln lassen. Das Mehl mit dem Backpulver mischen. Die Eigelbe kurz unter das Eiweiß rühren, dann die gesiebte Mehlmischung unterheben. Teig in die Form füllen, glatt streichen und im vorgeheizten Backofen 30 – 40 Minuten backen. Stäbchenprobe durchführen (siehe Seite 10).

3 Den Teig aus der Form nehmen und auf einem Kuchengitter auskühlen lassen.

4 Für die Creme die Gelatine in kaltem Wasser 10 Minuten einweichen lassen. Das Eigelb mit der Hälfte des Puderzuckers und 50 ml Milch schaumig rühren. Die restliche Milch mit dem Zitronenabrieb und dem übrigen Puderzucker zufügen und über einem heißen Wasserbad schaumig aufschlagen. Die Gelatine zugeben und auflösen lassen. Die Masse vom Wasserbad nehmen und unter gelegentlichem Rühren abkühlen lassen.

5 Den Topfen mit dem Zitronensaft verrühren und unter die Milchcreme rühren. Kühl stellen und etwas fest werden lassen. Die Sahne steif schlagen und unter die Topfencreme heben. Den Tortenboden in einen Tortenring geben, die Topfenmasse gleichmäßig darauf verstreichen und im Kühlschrank etwa 1 Stunde fest werden lassen.

6 Die Erdbeeren putzen, waschen und in Scheiben schneiden. Wenn die Quarkfüllung fest ist, den Tortenguss nach Packungsangabe auflösen. Die Erdbeeren auf der Torte verteilen und mit dem Guss bedecken. Wenn der Guss fest ist, den Tortenring entfernen und die Torte wieder kühl stellen.

7 Die Mandelblättchen in einer Pfanne ohne Fett goldbraun anrösten. Vor dem Servieren an den Tortenrand drücken und die Torte auf einer Platte servieren.

Mandelbaisertorte
mit Johannisbeer-Mascarponecreme

1 Den Backofen auf 180 °C Ober- und Unterhitze vorheizen. Eine Springform fetten und bemehlen.

2 Die Butter mit dem Zucker und dem Vanillezucker schaumig rühren, das Ei und die Eigelbe unterschlagen. Das Mehl mit dem Backpulver mischen. Die Hälfte davon abwechselnd mit der Milch in die Eimasse rühren, das restliche Mehl unterkneten. Die Hälfte des Teiges in die vorbereitete Form geben und im vorgeheizten Backofen 15 Minuten vorbacken.

3 Währenddessen für das Baiser die Eiweiße mit dem Zitronensaft steif schlagen, nach und nach den Puderzucker einrieseln lassen. Die Hälfte der Masse auf dem vorgebackenen Kuchenboden verteilen (den Rest kühl stellen), mit der Hälfte der Mandelblättchen bestreuen und auf der unteren Schiene weitere 10 Minuten backen. Den Boden herausnehmen, mit einem Tortenheber aus der Form lösen und auf einem Kuchengitter auskühlen lassen. Die heiße Form wieder fetten und bemehlen, mit dem restlichen Teig füllen und wieder 15 Minuten vorbacken. Mit der übrigen Baisermasse bestreichen, mit Mandelblättchen bestreuen und 10 Minuten fertig backen. Herausnehmen und auskühlen lassen.

4 Für die Creme die Gelatine in kaltem Wasser 10 Minuten einweichen lassen. Die Johannisbeeren verlesen, waschen, von den Rispen lösen und abtropfen lassen. Einige für die Garnitur beiseitestellen. Limettenabrieb und -saft mit dem Mascarpone, dem Joghurt und dem Puderzucker verrühren. Die Gelatine tropfnass in einen kleinen Topf geben, erwärmen und auflösen. Anschließend 3 Esslöffel der Creme unter die Gelatine rühren, dann die Gelatine zügig unter die Creme ziehen. Kalt stellen, bis sie beginnt, fest zu werden.

5 Die Sahne steif schlagen und mit den Johannisbeeren unter die Creme heben. Einen der Tortenböden in einen Tortenring setzen, mit der Creme bestreichen und den zweiten Boden daraufsetzen. Im Kühlschrank 2 Stunden kühl stellen. Mit den Johannisbeeren garniert servieren.

Zutaten für 1 Springform (26 cm Durchmesser)

Für den Teig:

100 g weiche Butter · 80 g Zucker

1 Päckchen Vanillezucker · 1 Ei · 2 Eigelb

250 g Mehl · 1 TL Backpulver · 2 – 3 EL Milch

Für das Baiser:

3 Eiweiß · 1 TL Zitronensaft

150 g Puderzucker · 4 EL Mandelblättchen

Für die Creme:

5 Blatt weiße Gelatine · 250 g Rote Johannisbeeren

abgeriebene Schale und Saft von 1 Limette

300 g Mascarpone · 150 g Joghurt

50 g Puderzucker · 100 g Sahne (30 % Fett)

Zubereitungszeit: 1 Stunde
Backzeit: 50 Minuten
Kühlzeit: 2 Stunden

Beerentarte
mit rot-blauen Früchten

Zutaten für eine Tarte
(26 cm Durchmesser)

Für den Teig:

200 g Mehl

70 g Zucker

1 Msp. abgeriebene Schale von
einer unbehandelten Zitrone

2 Eigelb

120 g kalte Butter

Hülsenfrüchte zum Blindbacken

Für den Belag:

200 g Himbeeren

300 g Brombeeren

150 g Heidelbeeren

3 Blatt rote Gelatine

200 ml ungezuckerten
Himbeersaft

Saft von 1 Zitrone

30 g Puderzucker nach
Belieben

Zubereitungszeit: 40 Minuten
Kühlzeit: 1 Stunde 30 Minuten
Backzeit: 20–25 Minuten

1 Für den Teig das Mehl mit dem Zucker und dem Zitronenabrieb vermischen, auf eine Arbeitsfläche häufen, in die Mitte eine Mulde drücken und die Eigelbe hineingeben. Die kalte Butter in kleine Stücke schneiden, um die Mulde herum verteilen. Sämtliche Zutaten mit dem Messer gut durchhacken, sodass kleine Teigkrümel entstehen. Anschließend mit beiden Händen zu einem geschmeidigen Teig verkneten. Zu einer Kugel formen, in Frischhaltefolie wickeln und 30 Minuten kühl stellen.

2 Eine Tarteform oder eine Springform fetten und bemehlen. Nach der Kühlzeit den Teig auf einer leicht bemehlten Arbeitsfläche zu einem Kreis von etwa 30 cm Durchmesser ausrollen. Den Teig in die gefettete Form legen, den Rand gut andrücken und nochmals 30 Minuten in den Kühlschrank stellen.

3 Währenddessen die Beeren verlesen, waschen und abtropfen lassen. Den Backofen auf 180 °C Ober- und Unterhitze vorheizen. Den Teigboden nach der Kühlzeit mehrmals mit einer Gabel einstechen und mit Hülsenfrüchten beschweren, den Rand mit einem runden Strang Alufolie stabilisieren. Im vorgeheizten Backofen 20–25 Minuten knusprig backen. Herausnehmen, Hülsenfrüchte und Alufolie entfernen und auskühlen lassen.

4 Die Gelatine 10 Minuten in kaltem Wasser einweichen. Den Himbeersaft mit dem Zitronensaft in einem kleinen Topf aufkochen und nach Belieben mit Puderzucker süßen. Vom Herd nehmen und die ausgedrückte Gelatine einrühren, unter Rühren lauwarm abkühlen lassen.

5 Die Beeren auf dem ausgekühlten Boden verteilen, den Guss darübergeben und 30 Minuten kalt stellen.

Weiße Schokoladeneistorte
mit Beerenhaube

**Zutaten für 1 Springform
(26 cm Durchmesser)**

Für den Biskuitboden:

3 Eier

1 Prise Salz

120 g Zucker

1 Päckchen Vanillezucker

100 g Mehl

1 Msp. Backpulver

50 g gemahlene Haselnusskerne

Für den Überzug:

300 g weiße Schokolade

3 frische Eier

2 cl Orangenlikör

250 g Sahne (30 % Fett)

Für die Garnitur:

500 g gemischte Beeren

Zubereitungszeit: 40 Minuten
Backzeit: 40–50 Minuten
Gefrierzeit: 3 Stunden

1 Den Backofen auf 180 °C Ober- und Unterhitze vorheizen. Den Boden einer Springform fetten und bemehlen, den Rand nicht fetten.

2 Für den Boden Eier trennen und Eiweiße mit der Prise Salz und 4 Esslöffeln kaltem Wasser zu einem steifen Schnee schlagen. Den Zucker und Vanillezucker dabei nach und nach einrieseln lassen. Die Eigelbe unterziehen. Das Mehl mit dem Backpulver vermischen, über die Eimasse sieben und locker einarbeiten. Zuletzt die Nüsse vorsichtig unterheben. Den Teig sofort in die vorbereitete Form füllen und im Backofen 40–50 Minuten hell backen. Stäbchenprobe durchführen (siehe Seite 10).

3 Den Teig aus der Form stürzen und auf einem Gitter auskühlen lassen.

4 Für den Überzug die weiße Schokolade fein hacken. Die Eier über einem heißen Wasserbad schaumig schlagen. Die Schokolade unterrühren, bis sie geschmolzen ist. Den Likör hinzufügen und lauwarm abkühlen lassen. Die Sahne steif schlagen und unterheben.

5 Den ausgekühlten Kuchenboden in einen Tortenring geben und die Creme darauf verteilen, im Gefrierschrank 3 Stunden einfrieren.

6 Die Beeren verlesen, waschen und abtropfen lassen. Die gekühlte Torte mit den Beeren garniert servieren.

Himbeerquarktorte
mit weißer Schokolade

Zutaten für 1 Springform
(26 cm Durchmesser)

Für den Teig:

150 g weiche Butter

200 g Zucker

5 Eier

abgeriebene Schale und Saft
von 1 unbehandelten Zitrone

100 g Grieß

2 TL Backpulver

1 Packung Vanillepuddingpulver

1 kg Quark

Für die Dekoration:

einige Himbeeren

weiße Schokoladenspäne

Puderzucker zum Bestäuben

Zubereitungszeit: 30 Minuten
Backzeit: 1 Stunde

1 Den Backofen auf 180 °C Ober- und Unterhitze vorheizen. Den Boden der Springform mit Backpapier auslegen, den Rand fetten und bemehlen.

2 Für den Teig die Butter in Stückchen in eine Rührschüssel geben und mit dem Rührgerät cremig verquirlen. Zucker, Eier sowie Zitronenschale und -saft dazugeben und alles weiterrühren, bis die Masse cremig ist.

3 Grieß, Backpulver und Puddingpulver vermischen und unter den Teig rühren, dann den Quark zugeben.

4 Den Teig in die Form füllen und glatt streichen. Im vorgeheizten Back-ofen etwa 1 Stunde goldbraun backen. Herausnehmen, den Kuchen einige Minuten in der Form stehen lassen. Dann auf ein Kuchengitter stürzen, das Backpapier abziehen, umdrehen und ganz auskühlen lassen.

5 Zum Servieren mit Puderzucker bestäuben und mit Himbeeren und Schokospänen dekorieren.

Heidelbeerkuchen
mit Gelee und Buttercreme

Zutaten für 1 Tarte (26 cm Durchmesser)

Für den Teig:

150 g weiche Butter · 50 g Zucker · 2 Eigelb

1 Msp. abgeriebene Schale
von einer unbehandelten Zitrone

200 g Mehl · 1 Msp. Backpulver

Für das Gelee:

150 ml Heidelbeersaft · 100 g Gelierzucker

Für die Buttercreme:

1 Eigelb · 30 g Zucker · 25 g Stärke

250 ml Milch

180 g weiche Butter · 140 g Puderzucker

300 g Heidelbeeren zum Belegen

Zubereitungszeit: 1 Stunde
Kühlzeit: 30 Minuten
Backzeit: 25 – 35 Minuten

1 Für den Teig die weiche Butter mit dem Zucker schaumig rühren, die Eigelbe und die Zitronenschale zugeben und wieder schaumig schlagen. Das Mehl mit dem Backpulver mischen. Die Hälfte davon unter den Teig rühren, die andere Hälfte mit den Händen unterkneten. Den Teig zu einer Kugel formen, in Frischhaltefolie wickeln und 30 Minuten kühl stellen. Eine Tarteform fetten und bemehlen.

2 Für das Gelee den Saft mit dem Gelierzucker aufkochen. Gelierprobe durchführen (siehe unten) und abkühlen lassen.

3 Für die Creme Eigelb mit Zucker und Stärke in etwas kalter Milch gelöst über einem heißen Wasserbad aufschlagen. Die restliche kalte Milch zugeben und schlagen, bis die Masse einmal aufpufft. Aus dem Bad nehmen und unter gelegentlichem Rühren erkalten lassen. In den Kühlschrank stellen.

4 Nach der Kühlzeit den Backofen auf 180 °C Ober- und Unterhitze vorheizen. Den Teig auf einer leicht bemehlten Arbeitsfläche 26 cm rund ausrollen, in die Form legen und 25 – 35 Minuten backen. Herausnehmen, vorsichtig auf ein Kuchengitter stürzen und erkalten lassen. Creme aus dem Kühlschrank nehmen, damit sie Zimmertemperatur annimmt.

5 Wenn der Tortenboden erkaltet ist, die weiche Butter schaumig schlagen, Puderzucker nach und nach einrieseln lassen. Die zimmerwarme Creme löffelweise unterschlagen. Ausgekühlten Tortenboden mit etwas Heidelbeergelee bestreichen, dann Buttercreme darauf verteilen. Heidelbeeren verlesen, waschen, trocken tupfen und auf der Creme verteilen. Restliches Gelee in einen kleinen Gefrierbeutel füllen, kleine Ecke abschneiden und Kuchen damit verzieren. Auf einer Platte anrichten und bis zum Servieren kühl stellen.

Gelierprobe: Einen Tropfen des Gelees auf einen kalten Teller geben. Sollte das Gelee nicht fest werden, noch ein wenig Zucker zugeben und weitere 2 – 3 Minuten köcheln lassen.

Birnen-Marzipan-Tarte
eine saftig-süße Versuchung

1 Für den Teig das Mehl auf die Arbeitsfläche häufen, mit Zucker und Salz mischen und in die Mitte des Mehls eine Mulde drücken. Die kalte Butter in kleine Stücke schneiden, um die Mulde herum verteilen. Das Ei in die Mitte geben, etwa 3 Esslöffel kaltes Wasser zugeben und sämtliche Zutaten mit dem Messer gut durchhacken, sodass kleine Teigkrümel entstehen. Mit den Händen rasch zu einem Teig verkneten, zu einer Kugel formen, in Frischhaltefolie wickeln und etwa 30 Minuten kühl stellen.

2 Den Backofen auf 180 °C Umluft vorheizen.

3 Für den Belag Birnen schälen, halbieren, die Kerngehäuse entfernen und auf der gewölbten Seite längs mehrmals etwa 3 Millimeter tief einschneiden. Mit Zitronensaft beträufeln.

4 Den Teig zwischen zwei Lagen Backpapier ausrollen und die gefettete Form damit auskleiden. Nach Belieben aus Teigstücken Mürbeteigblätter für die Garnitur formen und auf einem mit Backpapier ausgelegten Backblech etwa 10 Minuten mitbacken.

5 Etwas Sahne mit dem Marzipan glatt rühren. In einer Schüssel mit Eiern, Zucker und Zitronenschale verrühren. ⅓ der Eiersahne in die Backform gießen.

6 Die Birnen kreisförmig mit der Wölbung nach oben hineinsetzen. Übrige Eiersahne vorsichtig angießen.

7 Im vorgeheizten Backofen 40–50 Minuten goldbraun backen. In der Form auskühlen lassen. Mit Puderzucker bestäubt und nach Belieben mit Mürbteigblättern garniert servieren.

Zutaten für 1 Tarte (26 cm Durchmesser)

Für den Teig:

250 g Mehl · 60 g Zucker · 1 Prise Salz

125 g kalte Butter · 1 Ei

Für den Belag:

3 Birnen · 3 EL Zitronensaft

200 g Sahne (30 % Fett)

200 g Marzipanrohmasse

5 Eier · 150 g Zucker

1 TL abgeriebene Schale
von einer unbehandelten Zitrone

Puderzucker zum Bestäuben

Zubereitungszeit: 40 Minuten
Kühlzeit: 30 Minuten
Backzeit: 40–50 Minuten

Pfirsichcremetorte
Fruchtgenuss pur

Zutaten für 1 Springform
(22 cm Duchmesser)

Für den Teig:

4 Eier

1 Prise Salz

120 g Zucker

abgeriebene Schale von
½ unbehandelten Zitrone

100 g Mehl

20 g abgezogene, gemahlene
Mandeln

1 Msp. Backpulver

Für die Creme:

10 Blatt weiße Gelatine

300 g Pfirsichfruchtfleisch
aus der Dose

150 g Vanillejoghurt

250 g Quark

50 g Zucker nach Belieben

150 g Sahne (30 % Fett)

Für die Garnitur:

2 weißfleischige Pfirsiche

1 EL Zucker

Minzeblättchen

Zubereitungszeit: 1 Stunde
Backzeit: 40 – 45 Minuten
Kühlzeit: 4 Stunden

1 Den Backofen auf 180 °C Ober- und Unterhitze vorheizen. Den Boden einer Springform mit Backpapier auslegen, den Rand fetten und bemehlen.

2 Die Eier trennen und die Eiweiße mit der Prise Salz steif schlagen. Die Hälfte des Zuckers dabei nach und nach einrieseln lassen. Die Eigelbe mit dem restlichen Zucker und dem Zitronenabrieb schaumig rühren und unter den Eischnee ziehen. Das Mehl mit den Mandeln und dem Backpulver vermischen, über die Eimasse sieben und locker unterheben. Den Teig anschließend sofort in die vorbereitete Form füllen und im vorgeheizten Backofen auf der mittleren Schiene 40 – 45 Minuten backen. Stäbchenprobe durchführen (siehe Seite 10).

3 Aus dem Backofen nehmen, stürzen, das Backpapier abziehen und auf einem Kuchengitter auskühlen lassen.

4 Für die Creme die Gelatine 10 Minuten in kaltem Wasser einweichen. Das Pfirsichfruchtfleisch in kleine Würfel schneiden und fein pürieren, zusammen mit dem Joghurt unter den Quark mischen. Mit Zucker abschmecken. Die Gelatine tropfnass in einen kleinen Topf geben, erwärmen und auflösen. Anschließend 3 Esslöffel der Creme unter die Gelatine rühren, dann die Gelatine zügig unter die Creme rühren.

5 Die Sahne steif schlagen, sobald die Creme zu gelieren beginnt, unterheben. Den Tortenboden in einen Tortenring geben und die Creme darauf verteilen und für mindestens 4 Stunden kühl stellen.

6 Für die Garnitur die Pfirsiche waschen, entkernen und das Fruchtfleisch in sehr dünne Spalten schneiden. Diese mit 2 Esslöffeln Wasser in einem kleinen Topf leicht andünsten, mit Zucker bestreuen und abkühlen lassen.

7 Die Torte aus dem Kühlschrank nehmen und mit den Pfirsichstückchen sowie etwas frischer Minze garniert servieren.

Apfelbiskuittorte
mit Quarksahne

Zutaten für 1 Springform (26 cm Durchmesser)

Für den Teig:

3 Eier · 1 Prise Salz · 1 Päckchen Vanillezucker

80 g Zucker · 80 g Mehl · 10 g Stärke

1 Msp. Backpulver

Für die Füllung:

650 g säuerliche Äpfel (z. B. Boskop)

2 – 3 EL Zitronensaft · 50 g Stärke

500 ml naturtrüber Apfelsaft

50 g Zucker · 1 Msp. Zimt

Für den Überzug:

250 g Sahne (30 % Fett)

40 g Puderzucker · 150 g Quark

60 g Zartbitterkuvertüre (65 % Kakao)

Zubereitungszeit: 45 Minuten
Backzeit: 15 – 20 Minuten
Kühlzeit: 2 – 3 Stunden

1 Den Backofen auf 180 °C Ober- und Unterhitze vorheizen. Den Boden einer Springform mit Backpapier auslegen, den Rand fetten und bemehlen.

2 Für den Teig Eier trennen, die Eiweiße mit einer Prise Salz steif schlagen, Vanillezucker einrieseln lassen. Die Eigelbe mit Zucker schaumig rühren, den Eischnee unter die Eigelbe ziehen. Das Mehl mit der Stärke und dem Backpulver vermischen, über die Eimasse sieben und vorsichtig mit einem Schneebesen unterheben. Sofort in die vorbereitete Form füllen und im vorgeheizten Backofen 15 – 20 Minuten hell backen. Stäbchenprobe durchführen (siehe Seite 10).

3 Herausnehmen, den Rand der Springform lösen, stürzen, das Backpapier abziehen und auf einem Kuchengitter vollständig auskühlen lassen.

4 Für die Füllung die Äpfel schälen, vierteln, das Kerngehäuse entfernen und in feine Scheiben schneiden. Mit dem Zitronensaft beträufeln.

5 Die Stärke mit 50 ml Apfelsaft verrühren, den restlichen Apfelsaft mit dem Zucker aufkochen. Die angerührte Stärke und Zimt mit einem Schneebesen klumpenfrei unterrühren. Nochmals kurz aufkochen, dann die Äpfel zugeben und beiseitestellen.

6 Den Biskuit in einen Tortenring geben, die Apfelmasse darauf verteilen und 2 – 3 Stunden kalt stellen.

7 Nach der Kühlzeit für den Überzug die Sahne mit dem Puderzucker steif schlagen und anschließend unter den Quark heben. Die Masse in einen Spritzbeutel mit großer Lochtülle füllen und den Kuchen damit verzieren.

8 Mit einem Sparschäler Späne von der Kuvertüre abziehen und auf dem Kuchen verteilen. Sofort servieren.

Kirsch-Mohn-Wähe
aus Blätterteig

1 Blätterteigplatten nebeneinander auftauen lassen.

2 Kirschen waschen, entkernen und trocken tupfen.

3 Die Crème fraîche, Stärke, Vanilleextrakt, Eier und Zucker glatt rühren.

4 Teigplatten aufeinanderlegen und auf einer bemehlten Arbeitsfläche etwas größer als die Form ausrollen. In die Form legen, einen Rand hochziehen und den Boden mit einer Gabel mehrmals einstechen. Etwa 15 Minuten in den Kühlschrank stellen.

5 Den Backofen auf 180 °C Umluft vorheizen.

6 Anschließend die Semmelbrösel auf den Teig streuen und die Crème-fraîche-Masse darauf verstreichen. Die Kirschen darauf verteilen, leicht eindrücken.

7 Im vorgeheizten Backofen etwa 40 Minuten goldbraun backen. 10 Minuten vor Garzeitende mit Mohn bestreuen. Bräunt der Teig zu schnell, rechtzeitig mit Alufolie abdecken und fertig garen.

Zutaten für 1 Pieform
(etwa 32 cm Durchmesser)

450 g Blätterteig (TK)

750 g Kirschen · 500 g Crème fraîche

1 EL Stärke · 1 TL Vanilleextrakt

5 Eier · 100 g Zucker

3 EL Semmelbrösel

4 EL Mohn, im Mörser leicht zerstoßen

Zubereitungszeit: 30 Minuten
Backzeit: 40 Minuten

Frischkäsetorte
mit Heidelbeeren

Zutaten für 1 Springform
(22 cm Durchmesser)

Für den Boden:

200 g Butterkekse

1 Päckchen Vanillezucker

150 g Butter

Für die Creme:

4 Blatt weiße Gelatine

Saft von 1 Zitrone

1 Msp. abgeriebene Schale
von einer unbehandelten Zitrone

250 g Joghurt

450 g Frischkäse

250 g Sahne (30 % Fett)

Für den Belag:

150 g Heidelbeeren

50 ml trockener Weißwein

2 EL Puderzucker

1 ½ TL Stärke

1 Msp. gemahlener Zimt

Zubereitungszeit: 45 Minuten
Kühlzeit: 1 Stunde 30 Minuten

1 Für den Boden die Butterkekse im Mixer fein zerbröseln, Vanillezucker hinzufügen. Die Butter schmelzen lassen und mit den Bröseln verkneten. Eine Springform mit Backpapier auslegen und die Bröselmasse darauf verteilen. Gut festdrücken und kalt stellen.

2 Für die Creme die Gelatine in kaltem Wasser 10 Minuten einweichen. Den Zitronensaft mit dem Zitronenabrieb erhitzen, die Gelatine ausdrücken und darin auflösen. 3 Esslöffel Joghurt in die Gelatine rühren, dann die Gelatine unter den restlichen Joghurt ziehen. Den Frischkäse und die steif geschlagene Sahne unterheben. Die Masse in die Springform füllen und 1 Stunde kalt stellen.

3 Für den Belag die Heidelbeeren verlesen, waschen und abtropfen lassen.

4 Den Weißwein mit 1 Esslöffel Wasser und dem Puderzucker vermischen und aufkochen. Die Stärke mit 1-2 Esslöffeln kaltem Wasser anrühren und mit dem Zimt unter die kochende Masse ziehen, kurz aufkochen. Die Heidelbeeren zugeben und abkühlen lassen.

5 Die Heidelbeermischung in die Mitte der Torte geben, kalt stellen und gut gekühlt servieren.

Haselnuss-Sahnecreme-Torte
mit Äpfeln und Aprikosen

Zutaten für 1 Springform
(26 cm Durchmesser)

Für den Teig:

250 g weiche Butter

250 g Zucker

5 Eier

200 g Mehl

1 Päckchen Backpulver

300 g gemahlene Haselnusskerne

3 – 6 EL Milch

Für die Creme:

3 Blatt weiße Gelatine

1 Ei

30 g Zucker

300 g Sahne (30 % Fett)

1 Päckchen Vanillezucker

Für die Füllung:

1 Blatt weiße Gelatine

400 g säuerliche Äpfel

2 EL Zitronensaft

½ TL Zimt

100 ml naturtrüber Apfelsaft

60 g gehackte Mandeln

250 g Aprikosenhälften
aus der Dose

Für den Überzug:

200 g weiße Kuvertüre

1 TL Kokosfett

1 unbehandelte Orange

Zubereitungszeit:
1 Stunde 15 Minuten
Backzeit: 45 – 55 Minuten
Kühlzeit: 1 Stunde

1 Den Backofen auf 180 °C Ober- und Unterhitze vorheizen. Die Springform gut fetten und bemehlen.

2 Für den Teig die Butter mit dem Zucker schaumig rühren, die Eier nach und nach einzeln unterschlagen. Das Mehl mit dem Backpulver mischen, über die Eimasse sieben und zusammen mit den gemahlenen Nüssen unterheben. Nach Bedarf noch etwas Milch unterrühren.

3 Den Teig sofort in die vorbereitete Form füllen und im vorgeheizten Backofen 45–55 Minuten backen. Stäbchenprobe durchführen (siehe Seite 10). Den Kuchen 5 Minuten in der Form stehen lassen, dann den Rand der Springform lösen und auf einem Gitter auskühlen lassen.

4 Für die Creme die Gelatine in kaltem Wasser 10 Minuten einweichen. Das Ei mit dem Zucker über einem heißem Wasserbad schaumig rühren. Die ausgedrückte Gelatine in 3 Esslöffeln Wasser in einem kleinen Topf auflösen und unter Rühren zur Eimasse gießen. Vom Wasserbad nehmen und unter Rühren lauwarm abkühlen lassen. Die Sahne mit dem Vanillezucker schaumig schlagen und unter die lauwarme Eimasse heben, anschließend kalt stellen.

5 Für die Füllung die Gelatine in kaltem Wasser 10 Minuten einweichen. Die Äpfel waschen, schälen, vierteln, das Kerngehäuse entfernen und in Scheiben schneiden. Zitronensaft und Zimt unterrühren und mit dem Apfelsaft in einen Topf geben, 3–5 Minuten köcheln lassen. Durch ein Sieb abseihen. Die Flüssigkeit auffangen und die ausgedrückte Gelatine darin auflösen. Dann die Apfelspalten wieder hineingeben.

6 Die Mandeln in einer Pfanne ohne Fett 1–2 Minuten goldbraun rösten.

7 Den Tortenboden quer in zwei Teile schneiden. Den unteren Boden mit der Apfelmasse bedecken und die abgetropften Aprikosenhälften darauf verteilen. Mit den gerösteten Mandeln bestreuen und Sahnecreme daraufstreichen. Den zweiten Boden daraufsetzen und 1 Stunde kühl stellen.

8 Für den Überzug die weiße Kuvertüre hacken und mit dem Kokosfett über einem heißen Wasserbad schmelzen lassen. Die Torte auf der Oberseite damit bestreichen. Die Orange heiß waschen und mit einem Zestenreißer Zesten abschälen. Die Torte mit Orangenzesten garniert servieren.

Espresso-Sahne-Torte
mit Brombeeren

**Zutaten für 1 Springform
(26 cm Durchmesser)**

Für den Teig:

2 TL Instant-Espressopulver · 1 TL Kakaopulver

4 Eier · 150 g Zucker · 1 Prise Salz · 60 g Mehl

60 g Speisestärke · ½ TL Backpulver

Für die Füllung:

500 g Brombeeren · 500 g Sahne

3 Packungen Sahnesteif · 75 g Puderzucker

Für die Garnitur:

Schokomokkabohnen

Puderzucker zum Bestäuben

Zubereitungszeit: 45 Minuten
Backzeit: 25 Minuten

1 Den Backofen auf 180 °C vorheizen.

2 Das Espresso- und Kakaopulver in 2 Esslöffeln kaltem Wasser auflösen. Die Eier trennen, Eiweiße mit 4 Esslöffeln kaltem Wasser steif schlagen. Zucker und Salz nach und nach einrieseln lassen. Die Eigelbe und die Hälfte des aufgelösten Espressokakaos zufügen, rasch unterrühren. Mehl, Stärke und Backpulver mischen, darübersieben und unterheben. Teig in die mit Backpapier ausgelegte Springform streichen und im vorgeheizten Backofen etwa 25 Minuten backen. Aus der Form lösen und auf einem Kuchengitter ganz auskühlen lassen, dann einmal quer halbieren.

3 Die Brombeeren verlesen, waschen und gut abtropfen lassen. Einige schöne Beeren zum Garnieren beiseitelegen. Die Sahne mit Sahnesteif und Puderzucker steif schlagen.

4 Den übrigen aufgelösten Espresso-Kakao unter ⅓ der Sahne ziehen. Die Hälfte der Espressosahne auf den unteren Tortenboden streichen. Dann mit der Hälfte der anderen Sahne bedecken. Mit Brombeeren belegen. Den zweiten Boden daraufsetzen. Übrige Espressosahne, dann restliche Sahne darauf verteilen. Die Torte mit den übrigen Brombeeren sowie einigen Schokomokkabohnen garnieren und mit Puderzucker bestäuben.

Himbeereistorte
fruchtige Erfrischung

1 Eine Form mit 20 cm Durchmesser und etwa 1 l Inhalt mit Frischhaltefolie auslegen. Die leicht angetaute Eiscreme hineingeben, glatt streichen und für mindestens 30 Minuten ins Gefrierfach stellen.

2 Für die Torte die Schokolade hacken und über einem Wasserbad schmelzen lassen. Die Mandelstifte in einer Pfanne ohne Fett hellbraun bräunen. Die Kekse im Mixer grob zerkleinern, mit den Mandeln und der Schokolade mischen. Die Keks-Schokoladen-Mischung gleichmäßig auf das Eis streichen und weitere 30 Minuten ins Gefrierfach stellen.

3 Für den Überzug die Sahne mit dem Sahne-steif und dem Zucker steif schlagen. Die Himbeeren waschen und verlesen.

4 Die Eistorte aus der Form auf einen großen Teller stürzen und die Folie entfernen. Die Torte rundherum mit der Sahne bestreichen, nochmals für 10 Minuten einfrieren. Mit Himbeeren und Schokospänen garnieren.

Tipp:
Selbstgemachtes Himbeereis:
300 g Himbeeren (frisch oder TK)
200 g Joghurt (3,5 % Fett)
200 g Sahne (mindestens 30 % Fell)
100 g Crème fraîche
etwa 150 g Honig nach Belieben

Die Himbeeren verlesen, waschen und trocken tupfen bzw. auftauen lassen. Die Früchte pürieren und nach Belieben durch ein Sieb streichen, um die Kerne zu entfernen. Mit dem Joghurt, der Sahne, der Crème fraîche und dem Honig (nach Geschmack) verrühren. Die Masse in eine flache Metallschüssel geben und im Gefrierfach etwa 5 Stunden gefrieren lassen. Während des Gefrierens alle 20–30 Minuten kräftig durchrühren, damit das Eis eine cremige Konsistenz bekommt.

Zutaten für 1 Form (20 cm Durchmesser, etwa 1 l Inhalt bzw. für 8 Personen)

Für die Torte:

1 l Himbeereiscreme

150 g Zartbitterschokolade (65 % Kakao)

80 g Mandelstifte

200 g Vollkornbutterkekse

Für den Überzug:

200 g Sahne (30 % Fett)

1 Päckchen Sahnesteif · 2 EL Puderzucker

Für die Garnitur:

250 g Himbeeren

4 EL Schokospäne

Zubereitungszeit: 40 Minuten
Gefrierzeit: mindestens 1 Stunde 10 Minuten

Erdbeertorte
mit Holunderblütencreme

Zutaten für 1 Springform
(24 cm Durchmesser)

Für den Teig:

2 Holunderblütendolden

2 Eier

60 g Zucker

60 g Stärke

Für die Creme:

6 Blatt weiße Gelatine

250 ml trockener Weißwein

80 g Holunderblütensirup

Saft von 1 Zitrone

20 g Puderzucker

100 g Joghurt

300 g Sahne (30 % Fett)

Für die Garnitur:

500 g Erdbeeren

100 g Erdbeerkonfitüre

Puderzucker zum Bestäuben

Zubereitungszeit: 45 Minuten
Backzeit: 25 – 30 Minuten

1 Den Backofen auf 180 °C Ober- und Unterhitze vorheizen. Den Boden einer Springform mit Backpapier auslegen, den Rand fetten und bemehlen.

2 Die Holunderblüten vorsichtig von den Dolden lösen, waschen und trocken tupfen. Die Eier trennen und die Eiweiße mit der Hälfte des Zuckers steif schlagen. Die Eigelbe mit dem restlichen Zucker und den Holunderblüten schaumig rühren. Den Eischnee mit der gesiebten Stärke unter die Eigelbmasse heben, in die Form füllen und im vorgeheizten Backofen 25 – 30 Minuten backen. Stäbchenprobe durchführen (siehe Seite 10).

3 Für die Creme die Gelatine in kaltem Wasser 10 Minuten einweichen. Weißwein mit Sirup, Zitronensaft und Puderzucker aufkochen. Den Topf vom Herd nehmen, Gelatine ausdrücken und in die heiße Masse rühren, lauwarm abkühlen lassen. Die Flüssigkeit langsam unter den Joghurt schlagen. Kühl stellen, bis die Masse zu gelieren beginnt.

4 Den Tortenboden aus dem Backofen nehmen, den Rand der Springform lösen und das Backpapier abziehen. Auf einem Gitter auskühlen lassen.

5 Die Sahne steif schlagen und unter die halbfeste Creme heben. Die Masse auf dem ausgekühlten Boden verstreichen, nochmals kühl stellen.

6 Die Erdbeeren verlesen, waschen und trocken tupfen. Je nach Größe halbieren. Die Erdbeeren dicht nebeneinander auf die Holundercreme legen. Die Erdbeerkonfitüre mit 2 Esslöffeln Wasser aufkochen, über die Erdbeeren gießen und trocknen lassen. Bis zum Verzehr kühl stellen. Mit Puderzucker bestäubt servieren.

Johannisbeer-Baiser-Kuchen
mit Vanillecreme

Zutaten für 1 Springform
(22 cm Durchmesser)

Für den Teig:

300 g Mehl

100 g Zucker

1 Eigelb

200 g Butter

1 Prise Salz

Hülsenfrüchte zum Blindbacken

Für die Vanillecreme:

4 Blatt weiße Gelatine

1 Vanilleschote

½ l Milch

5 Eigelb

100 g Zucker

30 g Stärke

600 g Rote Johannisbeeren

Für das Baiser:

5 Eiweiß

150 g Zucker

1–2 EL Zucker

Zubereitungszeit: 1 Stunde
Kühlzeit: etwa 30 Minuten
Backzeit: 40 Minuten

1 Das Mehl auf die Arbeitsfläche zu einem Haufen sieben und den Zucker darüber verteilen. In die Mitte eine Mulde drücken und das Eigelb hineingeben. Die Butter in kleinen Stücken auf den Rand setzen. Eine Prise Salz dazugeben. Alles mit einem Messer durchhacken und dann rasch zu einem geschmeidigen Teig kneten. Zu einer Kugel formen, in Frischhaltefolie wickeln und im Kühlschrank 30 Minuten ruhen lassen.

2 Für die Vanillecreme die Gelatine in kaltem Wasser 10 Minuten einweichen. Die Vanilleschote längs aufschneiden, das Vanillemark herauskratzen und mit der Vanilleschote in die Milch rühren und aufkochen. Die Eigelbe mit dem Zucker in einer Schüssel cremig schlagen, dabei die Stärke untermischen. Die kochende Vanillemilch in die Eigelbcreme rühren, alles zurück in den Topf gießen. Die Vanilleschote herausnehmen und die Masse auf kleiner Flamme unter ständigem Schlagen einmal aufwallen lassen. Die Gelatine gut ausdrücken, in die heiße (nicht mehr kochende) Vanillecreme geben und unter Rühren auflösen. Etwas abkühlen lassen.

3 Eine Springform mit Backpapier auslegen. Den Backofen auf 175 °C Ober- und Unterhitze vorheizen. Den Mürbeteig auf einer bemehlten Fläche ausrollen, in die Form geben, einen 3–4 cm hohen Rand formen und mit einer Gabel den Boden mehrmals einstechen. Backpapier einlegen, die Hülsenfrüchte zum Blindbacken einfüllen und den Mürbeteigboden im vorgeheizten Backofen 15 Minuten vorbacken.

4 Die Johannisbeeren waschen, einige für die Dekoration beiseitelegen. Die anderen Beeren von den Rispen zupfen. In einem Sieb gut abtropfen lassen, dann in die Vanillecreme rühren und diese auf dem vorgebackenen Boden verteilen.

5 Für das Baiser 4 Eiweiß sehr steif schlagen, den Zucker nach und nach einrieseln lassen. Die Eiweißmasse auf die Creme geben, nicht zu glatt streichen. Die Backofentemperatur auf 180 °C erhöhen und den Kuchen weitere 25 Minuten backen, bis das Baiser leicht gebräunt ist. Herausnehmen und auskühlen lassen.

6 Das restliche Eiweiß leicht aufschlagen, die beiseitegelegten, trockenen Johannisbeerrispen kurz hineintauchen dann im übrigen Zucker wenden. Auf Alufolie legen und sehr gut trocknen lassen.

7 Den Kuchen mit gezuckerten Johannisbeerrispen garniert servieren.

Sauerkirschtorte
mit Canache-Creme

Zutaten für 1 Obsttortenform
(etwa 28 cm Durchmesser)

Für den Boden:

250 g Mehl · 1 Prise Salz · 80 g Zucker

abgeriebene Schale von ½ unbehandelten Zitrone

2 TL Vanillezucker · 50 gemahlene Mandeln

160 g weiche Butter · 1 Ei

Semmelbrösel für die Form

Für den Belag:

250 g Sahne · 500 g Zartbitterkuvertüre

2 – 3 TL Kirschwasser · 1 Glas Sauerkirschen

2 Packungen roter Tortenguss

Kirschsaft nach Bedarf

abgeriebene Schale von ½ unbehandelten Zitrone

Zubereitungszeit: 25 Minuten
Backzeit: 20 Minuten
Ruhe- und Kühlzeit: mindestens 30 Minuten

1 Für den Boden das Mehl mit Salz, Zucker, Zitronenschale, Vanillezucker und Mandeln mischen und auf einer bemehlten Arbeitsfläche häufen. Die Butter in kleinen Stücken außen herum verteilen. Die Zutaten mit einem Messer zu Krümeln hacken. Dann das Ei einarbeiten. Alles rasch zu einem Teig verkneten und mindestens 30 Minuten kühl stellen.

2 Den Backofen auf 190 °C Ober- und Unterhitze vorheizen. Eine Obsttortenform gut buttern und mit Semmelbröseln ausstreuen.

3 Den Teig gleichmäßig ausrollen, die Form damit auskleiden, einen Rand hochziehen, mehrmals mit der Gabel einstechen und den Boden in etwa 20 Minuten goldbraun backen. Dann den Kuchenboden etwas in der Form abkühlen lassen, auf einem Kuchengitter ganz erkalten lassen.

4 Für den Belag die Sahne zum Kochen bringen. Inzwischen die Kuvertüre in Stücke hacken. Die kochende Sahne vom Herd nehmen und die Kuvertüre einrühren, bis sie sich völlig aufgelöst hat. Die Schokoladensahne abkühlen lassen. In lauwarmem Zustand mit dem Kirschwasser abschmecken.

5 Wenn die Schokoladensahne ganz abgekühlt ist, die Sauerkirschen abgießen, dabei den Saft auffangen, die Kirschen abtropfen lassen.

6 Den Tortenguss nach Packungsanweisung mit dem aufgefangenen Saft und bei Bedarf mit Kirschsaft zubereiten. Die Zitronenschale zugeben. Den Guss vom Herd nehmen, die Kirschen einrühren und abkühlen lassen.

7 Die sehr kalte Schokoladensahne schnittfest schlagen und gleichmäßig auf den abgekühlten Tortenboden streichen. Die fast lauwarmen Kirschen gleichmäßig darauf verteilen. Den Guss fest werden lassen, dann servieren.

Baisertorte
unter Heidelbeerdecke

1 Den Backofen auf 100 °C Ober- und Unterhitze vorheizen. Ein Backblech mit Backpapier auslegen. Auf die Unterseite mithilfe eines Springformbodens einen Kreis zeichnen.

2 Die Eiweiße in einer großen, möglichst hohen Rührschüssel zu Schnee schlagen. Dabei nach und nach Zucker, Salz, Vanillezucker und Zitronensaft zugeben.

3 Den Puderzucker mit dem Stärkemehl über den Eischnee sieben und unterheben. Die Baisermasse in einen Spritzbeutel ohne Tülle bzw. mit großer Lochtülle füllen und spiralförmig auf das Blech einen runden Boden spritzen. Den Boden etwa 8 Stunden im Backofen trocknen lassen. Dabei soll die Ofentür einen Spalt breit offen sein (Kochlöffel einklemmen). Dann den Boden auf einem Gitter erkalten lassen.

4 Für den Belag die Heidelbeeren verlesen, waschen und abtropfen lassen.

5 Die Sahne mit Zucker und Vanillezucker schnittfest schlagen. Nach Belieben dabei das Sahnesteif einrieseln lassen. Den Himbeergeist kurz unterrühren.

6 Den Baiserboden dick mit der Sahne bestreichen und mit den Heidelbeeren üppig belegen.

Zutaten für 1 Springform
(26 cm Durchmesser)

Für den Boden:

250 ml Eiweiß von etwa 8 Eiern

200 g Zucker · 1 Prise Salz

2 TL Vanillezucker · ½ TL Zitronensaft

150 g Puderzucker · 30 g Stärke

Für den Belag:

300 g Heidelbeeren

250 g Sahne · 30 g Zucker

2 TL Vanillezucker

1 Päckchen Sahnesteif nach Belieben

2 cl Himbeergeist

Zubereitungszeit: 30 Minuten
Backzeit: 8 Stunden

Obstkuchen

Trübelichueche
mit Mandelbaiser

Zutaten für 1 Springform
(24 cm Durchmesser)

Für den Teig:

210 g Mehl

125 g Butter

1 Ei

4 EL Zucker

1 Prise Salz

Für die kandierten Beeren:

100 g Rote Johannisbeeren
(Trübeli)

1 Eiweiß

Zucker

Für die Füllung:

500 g Rote Johannisbeeren

200 g Zucker

3 Eier

5 EL geschälte,
gemahlene Mandeln

3 Eiweiß

Puderzucker zum Bestäuben

Zubereitungszeit: 40 Minuten
Kühlzeit: etwa 1 Stunde
Backzeit: 40 Minuten

1 Für den Teig das Mehl auf ein Teigbrett oder in eine große Schüssel sieben. Die Butter in Flöckchen zugeben. Das Ei verquirlen. Zucker, verquirltes Ei und 1 Prise Salz hinzufügen und alles rasch zu einem Teig verkneten. Den Teig zugedeckt 1 Stunde kühl gestellt ruhen lassen.

2 Für die kandierten Beeren Johannisbeeren waschen und sehr gut abtropfen lassen. Das Eiweiß verquirlen, die Beeren damit bestreichen und in Zucker wälzen. Zum Trocknen auf Alufolie ablegen.

3 Die Form mit Backpapier auslegen. Den Backofen auf 200 °C Ober- und Unterhitze vorheizen.

4 Die Johannisbeeren für die Füllung waschen, gut abtropfen lassen und von den Rispen zupfen. In einer Schüssel mit 2 Esslöffeln Zucker bestreuen. Den restlichen Zucker mit den Eiern cremig rühren und die Mandeln hinzufügen. Die Eiweiße steif schlagen, unter die Mandelmasse heben und die Beeren behutsam unterziehen.

5 Den Teig 3–4 mm dick ausrollen und die Form damit auskleiden, dabei einen Rand von etwa 4 cm hochziehen. Die Mandel-Johannisbeer-Füllung darauf verteilen und glatt streichen. Im vorgeheizten Backofen (mittlere Schiene, Umluft 180 °C) etwa 40 Minuten backen. Stäbchenprobe durchführen (siehe Seite 10). Darauf achten, dass die Füllung nicht dunkel wird, bei Bedarf rechtzeitig mit Alufolie abdecken. Herausnehmen, den Rand der Form lösen und den Kuchen auskühlen lassen. Vor dem Servieren mit Puderzucker bestäuben und mit kandierten Johannisbeeren garnieren.

Orangenkuchen
und marinierte Erdbeeren

Zutaten für 1 Springform
(26 cm Durchmesser)

Für den Teig:

100 g Butter

280 g Mehl

½ Päckchen Backpulver

6 kleine Eier

375 g Zucker

abgeriebene Schale und Saft von
2 unbehandelten Orangen

1 Prise Salz

150 g Sahne

Für die Glasur:

½ Glas Aprikosenkonfitüre

180 g Puderzucker

3 EL Rum

Für die Garnitur:

500 g Erdbeeren

Zubereitungszeit: 40 Minuten
Backzeit: 50 Minuten

1 Den Backofen auf 180 °C Ober- und Unterhitze vorheizen.

2 Den Boden der Springform mit Backpapier auslegen, den Rand fetten und bemehlen. Die Butter bei geringer Hitze in einem kleinen Topf schmelzen und abkühlen lassen. Das Mehl und mit dem Backpulver mischen. Die Eier und den Zucker mit dem elektrischen Handrührgerät cremig schlagen. Die Orangenschale, das Salz und die Sahne untermischen. Unter Rühren die Mehl-Backpulver-Mischung dazugeben, dann die flüssige Butter unterrühren. Weiterrühren, bis im Teig keine Klümpchen mehr zu sehen sind.

3 Den Teig in die Backform geben, glatt streichen und im heißen Backofen 10 Minuten bei 180 °C backen, dann die Temperatur auf 150 °C reduzieren und etwa weitere 40 Minuten backen. Stäbchenprobe durchführen (siehe Seite 10). Den Kuchen herausnehmen, aber den Backofen nicht ausschalten. Kuchen auf ein Kuchengitter stürzen und das Backpapier abziehen.

4 Für die Glasur die Konfitüre bei geringer Hitze schmelzen lassen. Den Orangensaft mit dem Puderzucker und dem Rum zu einer Glasur verrühren. Den Kuchen mit der flüssigen Aprikosenkonfitüre einpinseln. Die Hälfte der Glasur darüber verteilen und den Kuchen mitsamt dem Kuchengitter nochmals 1 Minute in den heißen Backofen schieben, damit die Glasur leicht antrocknet.

5 Für die Garnitur die Erdbeeren putzen, waschen und in Stücke schneiden, mit der restlichen Glasur mischen. Den Kuchen aus dem Backofen nehmen, komplett auskühlen lassen. Mit marinierten Erdbeeren servieren.

Aprikosen-Mohn-Kuchen
unter Streuseldecke

1 Den Backofen auf 180 °C Ober- und Unterhitze vorheizen. Die Springform mit Backpapier auslegen oder fetten und bemehlen.

2 Den Quark mit der Milch, dem Öl, dem Ei und dem Zucker verrühren. Das Mehl mit dem Backpulver mischen, die Hälfte davon unter die Quarkmasse rühren, den Rest unterkneten. Den Teig auf einer leicht bemehlten Arbeitsfläche ausrollen und die vorbereitete Springform damit auskleiden, dabei einen 2–3 cm hohen Rand formen.

3 Für den Belag die Aprikosen waschen, halbieren und entsteinen. Die Eiweiße mit dem Zucker steif schlagen und unter 200 g Mohn-Back mit dem Zitronensaft unterheben.

4 Für die Streusel das Mehl mit dem restlichen Mohn-Back, dem Zucker und der Butter mischen. Mit den Knethaken des elektrischen Handrührgeräts zu Streuseln verarbeiten. Die Mohnmasse auf den Teig geben, mit den Aprikosen belegen und die Streusel darauf verteilen.

5 Im vorgeheizten Backofen etwa 45 Minuten backen. Stäbchenprobe durchführen (siehe Seite 10). Herausnehmen und in der Form auskühlen lassen. Zum Servieren aus der Form lösen und mit Puderzucker bestäubt servieren.

Zutaten für 1 Springform (26 cm Durchmesser)

Für den Teig:

100 g Quark · 2 EL Milch · 4 EL Pflanzenöl · 1 Ei

50 g Zucker · 250 g Mehl · 2 TL Backpulver

Für den Belag:

500 g Aprikosen · 2 Eiweiß · 1–2 EL Zucker

250 g Mohn-Back-Füllung (Fertigprodukt)

1 EL Zitronensaft

Für die Streusel:

150 g Mehl · 50 g Zucker · 100 g weiche Butter

Für die Dekoration:

Puderzucker, zum Bestäuben

Zubereitungszeit: 40 Minuten
Backzeit: 45 Minuten

Sollten Sie mal keine Zeit zum Backen finden, eignet sich dieser Kuchen für solche Gelegenheiten zum Backen auf Vorrat und zum Einfrieren.

Heidelbeertarte
mit Eiersahne

1 Für den Teig das Mehl mit Salz und Zucker mischen und auf die Arbeitsfläche häufen, in die Mitte eine Mulde drücken. Die kalte Butter in kleine Stücke schneiden und rundum verteilen. Das Ei in die Mitte geben, etwa 3 Esslöffel lauwarmes Wasser zufügen. Sämtliche Zutaten mit dem Messer gut durchhacken, sodass kleine Teigkrümel entstehen. Mit den Händen rasch zu einem Teig verkneten, zu einer Kugel formen, in Frischhaltefolie wickeln und 30 Minuten kühl stellen.

2 Anschließend den Teig auf einer bemehlten Arbeitsfläche ausrollen. Die Tarteform fetten und mit dem Teig auskleiden; dabei einen Rand in Höhe der Form stehen lassen. Diesen gerade abschneiden und gut andrücken. Den Backofen auf 200 °C Ober- und Unterhitze vorheizen.

3 Für den Belag die Butterkekse im Mixer fein zerbröseln, mit den Haselnüssen vermengen und auf den Teigboden streuen. Die Heidelbeeren verlesen, waschen, trocken tupfen und mit dem Limettensaft sowie -abrieb und der Hälfte des Zuckers vermengen. Die Beeren gleichmäßig über die Tarteform verteilen und das Ganze im Backofen etwa 15 Minuten vorbacken. Währenddessen die Eier mit der Sahne und dem restlichen Zucker glatt rühren. Über die Beeren gießen und die Tarte weitere 25−30 Minuten fertig backen.

4 Aus dem Backofen nehmen, auskühlen lassen und vor dem Servieren mit Puderzucker bestäuben. Nach Belieben Schlagsahne dazu reichen.

Zutaten für 1 Tarte (26 cm Durchmesser)

Für den Teig:

250 g Mehl · 1 Prise Salz · 50 g Zucker

125 g Butter · 1 Ei

Für den Belag:

100 g Butterkekse

50 g gemahlene Haselnusskerne

600 g Heidelbeeren

Saft und abgeriebene Schale
von 1 unbehandelten Limette

100 g Zucker · 4 Eier · 400 g Sahne

Für die Dekoration:

Puderzucker zum Bestäuben

Schlagsahne nach Belieben

Zubereitungszeit: 30 Minuten
Kühlzeit: 30 Minuten
Backzeit: 45 Minuten

Apfelbrot
mit Walnüssen

Zutaten für 1 Kastenform
(etwa 1,2 l Inhalt)

Für den Teig:

200 g Walnusskerne

2 kleine säuerliche Äpfel
(z. B. Boskop)

1 – 2 EL Zitronensaft

200 g weiche Butter

3 Eier

150 g Waldhonig

Mark von 1 Vanilleschote

200 g Mehl

1 Päckchen Backpulver

Für den Guss:

150 g Puderzucker

1 EL Zitronensaft

Zubereitungszeit: 30 Minuten
Backzeit: 1 Stunde

1 Den Backofen auf 160 °C Umluft vorheizen. Etwa 10 Walnusshälften zum Verzieren beiseitelegen. Die übrigen Walnüsse grob hacken.

2 Die Äpfel schälen, vierteln, Kerngehäuse entfernen und grob reiben, sofort Zitronensaft unterrühren. Die Butter cremig rühren und nach und nach Eier, Honig und Vanillemark zufügen. Das Mehl mit Backpulver und den gehackten Walnüssen mischen und unter die Schaummasse rühren, dann die Äpfel unterziehen.

3 Den Teig in eine gefettete und bemehlte Kastenform füllen. Im vorgeheizten Backofen etwa 1 Stunde backen. Stäbchenprobe durchführen (siehe Seite 10). Sollte der Kuchen zu dunkel werden, rechtzeitig mit Alufolie abdecken.

4 Herausnehmen und kurz abkühlen lassen, dann auf ein Kuchengitter stürzen und ganz auskühlen lassen.

5 Für den Guss den Puderzucker mit Zitronensaft und bei Bedarf wenig Wasser zu einem dickflüssigen Guss verrühren und den Kuchen damit bestreichen. Die restlichen Walnüsse auf dem Guss verteilen und bis zum Servieren trocknen lassen.

Blätterteigschnitten
mit Birnen und Himbeeren

Zutaten für 6–8 Stück

Für den Boden:

1 Packung TK-Blätterteig (4–6 Platten)

1–2 Eiweiß · 150 g Konfitüre (Himbeere, Birne)

1–2 Eigelb

Für den Belag:

½ l Milch · 40 g Zucker

1 Packung Vanillepuddingpulver (40 g)

250 g Quark (20 % Fett)

½ l Wasser · abgeriebene Schale und Saft
von 1 unbehandelten Zitrone

1 Zimtstange · 2–3 EL Zucker

8–12 kleine Birnen · 150–200 g Himbeeren

1–2 EL gehackte Pistazien · Puderzucker

Zubereitungszeit: 20 Minuten
Auftauzeit: etwa 10 Minuten
Backzeit: 10 Minuten

1 Den Backofen auf 200 °C Umluft vorheizen. Ein Backblech mit Backpapier auslegen.

2 Für den Boden die Blätterteigplatten auf Kuchengitter legen und etwa 10 Minuten bzw. nach Packungsanweisung auftauen lassen.

3 Zwei Platten auf einer bemehlten Arbeitsfläche jeweils auf das 1,5-Fache ihrer Größe ausrollen. Mit einem Pinsel das Mehl entfernen und eine Platte am Rand mit Eiweiß und den Rest mit der Konfitüre bestreichen, dann die zweite Teigplatte darauflegen. Dabei die Ränder gut andrücken. Mit den restlichen Teigplatten paarweise genauso verfahren. Die Blätterteigstapel mit Abstand auf das Blech legen, mit Eigelb bestreichen und etwa 10 Minuten goldbraun backen. Blätterteigböden auf einem Kuchengitter abkühlen lassen.

4 Für den Belag Vanillepudding nach Packungsanweisung zubereiten, abkühlen lassen und mit dem Quark verrühren.

5 In einem Topf das Wasser mit Zitronenschale und -saft, Zimtstange und Zucker zum Kochen bringen. Inzwischen die Birnen schälen, halbieren und das Kerngehäuse entfernen. Die Früchte in dem kochenden Sud garziehen, dann abtropfen lassen. Die Himbeeren sorgfältig verlesen und waschen.

6 Die Creme je nach Anzahl der Blätterteigböden einteilen und jeden Boden damit bestreichen. Die Birnen mit den Schnittflächen auf die Creme legen und die Himbeeren in die Lücken setzen.

7 Zum Garnieren den Kuchen mit den gehackten Pistazien bestreuen und mit Puderzucker bestäuben.

Käsekuchen
mit versunkenen Sauerkirschen

1 Den Backofen auf 175 °C Ober- und Unterhitze vorheizen. Die Form mit Backpapier auslegen.

2 Die Kirschen waschen, die Stiele entfernen und die Früchte entsteinen.

3 Die Butter mit der Hälfte des Zuckers schaumig schlagen. Vanillezucker und Limettensaft hinzufügen und alles zu einer glatten Creme schlagen.

4 Die Eier trennen, die Eigelbe nach und nach in die Buttermischung rühren, dann den Topfen untermischen. Den Grieß mit dem Backpulver und dem Puddingpulver mischen, langsam in die Creme einrieseln lassen und unterrühren. Die Eiweiße mit dem restlichen Zucker sehr steif schlagen. Den Eischnee vorsichtig unterheben.

5 Die Hälfte der Quarkmasse in die vorbereitete Form füllen, glatt streichen und die Hälfte der Kirschen darauf verteilen. Die restliche Quarkmasse daraufgeben, glatt streichen und die übrigen Kirschen darauf verteilen.

6 Den Kuchen im Backofen etwa 1 Stunde 10 Minuten backen, bevor der Kuchen zu braun wird, rechtzeitig mit Alufolie abdecken. Stäbchenprobe machen (siehe Seite 10).

7 Den Kuchen nach dem Backen am Rand lösen, etwa 30 Minuten in der Form ruhen lassen, dann ganz aus der Form nehmen und vor dem Servieren mit Puderzucker bestäuben.

Zutaten für 1 Springform
(26 cm Durchmesser)

500 g Sauerkirschen

125 g weiche Butter · 200 g Zucker

1 Päckchen Vanillezucker · 4 EL Limettensaft

4 Eier · 1 kg Topfen (abgetropfter Magerquark)

4 EL Grieß · 1 Päckchen Backpulver

1 Packung Vanillepuddingpulver

Puderzucker zum Bestäuben

Zubereitungszeit: 25 Minuten
Backzeit: 1 Stunde 10 Minuten

Mandel-Aprikosen-Kuchen
mit Schokoglasur

Zutaten für 1 Kastenform
(etwa 1,2 l Inhalt)

Für den Teig:

150 g Butter

150 g Zucker

3 Eier

abgeriebene Schale
von ½ unbehandelten Orange

1 Prise Salz

2 EL Rum

300 g Mehl

2 TL Backpulver

150 g getrocknete Aprikosen

50 g gemahlene Mandeln

50 g Rosinen

50 g Schokoladentropfen

4–6 EL Milch

Für die Glasur:

100 g Zartbitterkuvertüre

2 EL Butter

50 g ganze Mandeln

Zubereitungszeit: 20 Minuten
Backzeit: 45–60 Minuten

1 Den Backofen auf 180 °C Ober- und Unterhitze vorheizen. Eine große Kastenform gut fetten und mit Semmelbröseln ausstreuen oder mit Backpapier auslegen.

2 Für den Teig die Butter cremig rühren. Abwechselnd Zucker und Eier unterrühren. Dann Orangenschale, Salz und Rum hinzufügen.

3 Das Mehl mit dem Backpulver mischen.

4 Die Aprikosen in Würfel schneiden und mit den Mandeln, Rosinen und Schokoladentropfen mischen. Abwechselnd Mehlgemisch und Früchtemischung unter die Buttermischung rühren. So viel Milch unterrühren, dass der Teig reißend schwer vom Löffel fällt. Den Teig gleichmäßig in die Kastenform füllen und 45–60 Minuten goldbraun backen. Den Kuchen in der Form etwas abkühlen lassen, dann vorsichtig stürzen.

5 Für die Glasur die Kuvertüre mit der Butter über einem Wasserbad schmelzen lassen. Die ganzen Mandeln mit kochendem Wasser überbrühen und schälen.

6 Den Kuchen mit der Kuvertüre glasieren und die Mandeln in die noch feuchte Glasur drücken. Vor dem Anschneiden am besten 1 Tag durchziehen lassen.

Birnen-Apfel-Strudel
mit Rosinen-Mandel-Füllung

Zutaten für 6 Personen

Für den Strudelteig:

1 Ei

2 EL lauwarmes Wasser

1 TL Essig

2 EL Pflanzenöl

150 g Mehl

1 Prise Salz

1 TL Zucker

Für die Füllung:

80 g Mandelstifte

700 g Äpfel

700 g Birnen

Saft von ½ Zitrone

½ TL Zimt

100 g Zucker

1 Msp. Vanillemark

1 EL Amaretto

2 EL Rosinen (nach Belieben)

100 g Sahne

3 EL flüssige Butter

6 EL Semmelbrösel

Puderzucker zum Bestäuben

Zubereitungszeit: 1 Stunde
Ruhezeit: 30 Minuten
Backzeit: 35 Minuten

1 Ei, Wasser, Essig und Öl in einer Tasse miteinander verrühren. Mehl, Salz und Zucker in eine Schüssel geben. Die Flüssigkeit unter ständigem Rühren mit den Knethaken des Handrührgeräts langsam zugießen. Die Masse etwa 15 Minuten kräftig kneten, bis ein geschmeidiger, elastischer, glänzender Teig entsteht.

2 Den Teig zu einer Kugel formen und immer wieder auf die bemehlte Arbeitsfläche schlagen und gut durchkneten, bis die gesamte Luft entwichen ist und sich im Inneren Wellen bilden (sieht man beim Auseinanderschneiden). Den Teig in Frischhaltefolie wickeln und an einem warmen Ort mindestens 30 Minuten entspannen lassen.

3 Den Backofen auf 200 °C Ober- und Unterhitze vorheizen. Ein Backblech mit Backpapier auslegen.

4 Für die Füllung die Mandelstifte ohne Fett unter ständigem Rühren in einer Pfanne goldbraun rösten, auf einen Teller geben. Äpfel und Birnen waschen, schälen, vierteln, Kerngehäuse entfernen und in dünne Scheiben hobeln. Mit dem Zitronensaft beträufeln und mit Zimt, Zucker, Vanillemark, Amaretto, Rosinen, Mandeln und der Hälfte der Sahne vermengen.

5 Den Strudelteig in 6 gleich große Stücke teilen, etwas ausrollen und dann mit den Fingern auf einem bemehlten Küchentuch so dünn wie möglich ausziehen. Dafür die Handflächen in die Mitte unter den Teig bringen und ihn mit den Fingern nach außen hin dünn ziehen. Der Teig sollte mindestens 25 x 20 cm groß werden.

6 Das Teigstück mit etwas Butter bepinseln und mit Semmelbröseln bestreuen. Etwa ein Sechstel der Füllung auf dem unteren Drittel des Teiges verteilen. Die Seiten des Teiges einschlagen und mithilfe des Küchentuches von unten nach oben aufrollen. Mit der Nahtseite nach unten auf das Backblech legen. Den restlichen Teig ebenso zu Strudeln verarbeiten und auf das Blech legen.

7 Die Strudel mit der übrigen Sahne bestreichen und im vorgeheizten Backofen auf der mittleren Schiene etwa 35 Minuten backen. Mit Puderzucker bestäubt servieren.

Joghurtgugelhupf
mit beeriger Füllung

Zutaten für 1 Gugelhupfform

Für den Teig:

gemahlene Mandeln
zum Ausstreuen

150 g gemischte Beeren
(TK oder frisch)

250 g weiche Butter

250 g Zucker

2 TL Vanillezucker

1 Prise Salz

2 Eigelb

2 große Eier

abgeriebene Schale von
½ unbehandelten Zitrone

100 g Naturjoghurt

2 EL Rum

125 g Mehl

125 g Stärke

1 TL Backpulver

50 g gemahlene Mandeln

Für den Guss:

150–200 g weiße Kuvertüre

4 EL Mandelstifte

2–4 EL Zucker

Zubereitungszeit: 20 Minuten
Backzeit: 45–60 Minuten

1 Den Backofen auf 170 °C Umluft vorheizen. Eine Gugelhupfform gut mit Butter fetten und mit Mandeln ausstreuen. Die Beerenmischung auftauen lassen bzw. verlesen, waschen und abtropfen lassen.

2 Für den Teig die Butter cremig rühren. Den Zucker mit Vanillezucker und Salz mischen und abwechselnd mit den Eigelben und den Eiern unterrühren. Dann die Zitronenschale, den Joghurt und den Rum unterrühren. Das Mehl mit Stärke, Backpulver und Mandeln mischen und nach und nach unterrühren. Zum Schluss die Beeren unterheben.

3 Den Teig gleichmäßig in die Gugelhupfform füllen und 45–60 Minuten goldbraun backen. Den Kuchen etwas in der Form abkühlen, dann auf einem Kuchengitter vollständig erkalten lassen.

4 Für den Guss die weiße Kuvertüre über einem Wasserbad schmelzen lassen. Die Mandelstifte ohne Fett anrösten, den Zucker darüberstreuen und unter Rühren etwas karamellisieren. Den Kuchen mit der flüssigen Kuvertüre glasieren und die Mandeln auf die noch feuchte Glasur streuen.

Orangen-Granatapfel-Torte
für einen Hauch Exotik

Zutaten für 1 Tarte
(etwa 26 cm Durchmesser)

Für den Teig:

125 g Mehl

100 g fein gemahlene Mandeln

150 g Butter

70 g Zucker

1 Ei

Für die Creme:

100 g Sahne

1 Vanilleschote

50 g gemahlene Mandeln

etwa 4 EL Zucker nach Belieben

2 EL Stärke

2 Eigelb

Hülsenfrüchte zum Blindbacken

Für den Belag:

2 – 3 Orangen, ohne Kerne

1 Granatapfel

Für den Guss:

50 ml Orangensaft

100 ml Weißwein

1 EL Stärke

2 EL Zucker

1 – 2 EL gehackte Pistazien

Zubereitungszeit: 45 Minuten
Kühlzeit: 1 Stunde 30 Minuten
Backzeit: 20 Minuten

1 Für den Teig Mehl, Mandeln, Butter, Zucker und das Ei in eine Schüssel geben und mit den Knethaken des Handrührgeräts oder mit den Händen zu einem glatten Teig verkneten. In Frischhaltefolie wickeln und 30 Minuten kühl stellen.

2 Für die Creme die Sahne in einen kleinen Topf geben. Die Vanilleschote der Länge nach aufschlitzen, das Mark herauskratzen und mit der Schote zur Sahne geben. Unter Rühren zum Kochen bringen, die Mandeln und den Zucker hinzufügen, kurz mitkochen. Stärke in etwas kaltem Wasser auflösen und in die kochende Creme einrühren, einmal aufkochen, beiseitestellen. Die Eigelbe miteinander verquirlen. 1 Esslöffel der Sahnecreme unter die Eigelbe mischen und zügig unter die Sahnecreme ziehen. Mit Zucker abschmecken und unter gelegentlichem Rühren abkühlen lassen.

3 Die Form mit Backpapier auslegen. Den Backofen auf 200 °C Ober- und Unterhitze vorheizen. Den Teig aus dem Kühlschrank nehmen und auf der leicht bemehlten Arbeitsfläche rund ausrollen. Die Tarteform damit auskleiden, dabei einen 2 – 3 cm hohen Rand formen. Den Boden mehrfach mit einer Gabel einstechen. Mit Butterbrotpapier belegen und mit Hülsenfrüchten auffüllen. Im vorgeheizten Backofen bei 200 °C etwa 20 Minuten backen. Aus dem Backofen nehmen, die Hülsenfrüchte und das Papier entfernen und abkühlen lassen.

4 Die Orangen waschen, mit einem scharfen Messer gründlich schälen und in Scheiben schneiden. Den Granatapfel mit der Handfläche mit leichtem Druck über die Arbeitsfläche rollen, halbieren und die Kerne mit einem Löffel herauslösen. Den Kuchen mit der Sahnecreme bestreichen und mit Orangenscheiben sowie Granatapfelkernen belegen.

5 Für den Guss den Orangensaft und den Wein in einem kleinen Topf mit Stärke und Zucker unter leichtem Rühren langsam erhitzen, einmal aufkochen, beiseitestellen und leicht abkühlen lassen.

6 Den Guss gleichmäßig über den Kuchen geben und mit Pistazien bestreuen, mindestens 1 Stunde kalt stellen.

Vollkorn-Rhabarber-Kuchen
gesund und saftig

**Zutaten für 1 Kastenform
(26 cm Durchmesser)**

350 g Rhabarber (vorzugsweise
Erdbeerrhabarber)

200 g Mehl

1 EL Öl

3 EL Haferflocken

75 g Dinkelvollkornmehl

150 g Zucker

¾ Päckchen Backpulver

1 Prise Salz

1 EL Ingwerpulver

75 g Butter

200 ml Milch

1 großes Ei

60 g gemahlene Mandeln

Puderzucker zum Bestäuben

Zubereitungszeit: 30 Minuten
Backzeit: 60 – 70 Minuten

1 Den Backofen auf 180 °C Ober- und Unterhitze vorheizen.

2 Den Rhabarber waschen, trocken tupfen, schälen und in etwa 2 cm lange Stücke schneiden. Mit 2 Esslöffeln Mehl mischen und beiseitestellen.

3 Die Kastenform mit dem Öl einpinseln und den Rand mit den Haferflocken bestreuen.

4 Das restliche Mehl mit dem Vollkornmehl, Zucker, Backpulver, Salz und Ingwerpulver mischen. Die Butter in einem Topf langsam bei geringer Hitze schmelzen. Die flüssige Butter mit der Milch mischen, das Ei zugeben und alles verquirlen. Zu der Mehlmischung geben und alles mit dem Rührgerät auf höchster Stufe rasch verrühren.

5 Zuletzt die Mandeln und den Rhabarber unterheben, den Teig in die vorbereitete Form füllen und glatt streichen.

6 Auf der mittleren Schiene im Backofen bei 180 °C etwa 60 – 70 Minuten backen. Stäbchenprobe durchführen (siehe Seite 10). Aus dem Backofen nehmen, in der Form 10 Minuten ruhen lassen, dann herausnehmen und auf einem Gitter auskühlen lassen. Mit Puderzucker bestäubt servieren.

Dieser Kuchen lässt sich auch sehr gut auf Vorrat backen und einfrieren. Verpackt in einem Gefrierbeutel oder in Alufolie, hält sich dieser Rührkuchen etwa 4 Monate im Gefrierfach.

Biskuitrolle mit Mascarpone-Holunder-Füllung

**Zutaten für 1 Roulade
(12 Stücke)**

Für den Teig:

4 Eier

100 g Zucker

1 Prise Salz

1 Msp. abgeriebene
Schale von einer
unbehandelten Zitrone

100 g Mehl

2 EL Stärke

Zucker zum Rollen

Für die Füllung:

150 – 200 g Holundergelee

250 g Mascarpone

1 Päckchen Fix Gelatine
(zum Kalteinrühren)

Puderzucker zum Bestäuben

Zubereitungszeit: 45 Minuten
Kühlzeit: 2 Stunden
Backzeit: 10 – 12 Minuten

1 Ein Backblech mit Backpapier auslegen. Den Backofen auf 200 °C Ober- und Unterhitze vorheizen.

2 Für den Biskuit die Eier trennen. Die Eiweiße zu steifem Schnee schlagen, dabei nach und nach die Hälfte des Zuckers einrieseln lassen. Die Eigelbe mit der anderen Hälfte des Zuckers, dem Salz und der Zitronenschale schaumig rühren. Mit einem Schneebesen die Eigelbcreme unter den Eischnee ziehen.

3 Das Mehl mit der Stärke mischen, auf die Schaummasse sieben und unterheben. Die Biskuitmasse gleichmäßig auf dem Backblech verstreichen und im vorgeheizten Backofen etwa 10 – 12 Minuten backen. Stäbchenprobe durchführen (siehe Seite 10). Herausnehmen, Biskuit auf ein mit Zucker bestreutes Küchentuch stürzen, Backpapier abziehen und Biskuit der Länge nach mit dem Tuch zu einer Roulade einrollen und anschließend so auskühlen lassen.

4 Für die Füllung das Gelee mit dem Mascarpone glatt rühren. Unter weiterem Rühren die Fix Gelatine einrieseln lassen, gründlich unterrühren. Die Roulade wieder ausrollen, das Tuch entfernen und gleichmäßig mit der Creme bestreichen. An dem Ende, zu dem hin aufgerollt wird, 2 cm frei lassen. Die Roulade mithilfe des Tuches wieder vorsichtig aufrollen, mit der Naht nach unten auf ein Tablett oder eine Platte setzen. Mindestens 3 Stunden kühl stellen. Mit Puderzucker bestäubt und in Stücke geschnitten servieren.

Mohn-Heidelbeer-Gugelhupf
einfach und schnell

1 Den Backofen auf 170 °C Ober- und Unterhitze vorheizen. Eine Gugelhupfform gut mit Butter fetten und mit Semmelbröseln ausstreuen.

2 Die Heidelbeeren auftauen lassen bzw. verlesen, waschen und abtropfen lassen.

3 Die Butter cremig rühren. Den Zucker mit dem Vanillezucker mischen. Die Eier trennen. Zuckermischung abwechselnd mit den Eigelben zufügen und alles zu einer hellen voluminösen Schaummasse rühren. Muskat, Zimt und Salz unterrühren. Den Mohn mit Nüssen, Mehl, Puddingpulver und Backpulver mischen und nach und nach einrühren.

4 Die Eiweiße zu schnittfestem Eischnee schlagen und mit den Heidelbeeren unter die Mohnmasse heben. Den Teig gleichmäßig in die Gugelhupfform füllen und 45 – 60 Minuten goldbraun backen.

5 Den Kuchen kurz in der Form abkühlen lassen, dann auf ein Gitter stürzen und ganz erkalten lassen. Vor dem Servieren den Gugelhupf mit Puderzucker bestäuben.

Zutaten für 1 Gugelhupf

Semmelbrösel zum Ausstreuen

150 g Heidelbeeren (TK oder frisch)

200 g weiche Butter · 200 g Zucker

3 TL Vanillezucker · 5 Eier

1 Prise Muskat · ½ TL Zimt · 1 Prise Salz

300 g Mohn (evtl. Mohn-Back-Füllung)

135 g gemahlene Haselnusskerne · 70 g Mehl

70 g Vanillepuddingpulver · 2 TL Backpulver

Puderzucker zum Bestäuben

Zubereitungszeit: 15 Minuten
Backzeit: 45 – 60 Minuten

Apfel-Birnen-Tarte
mit zartem Lavendelduft

1 Den Backofen auf 200 °C Ober- und Unterhitze vorheizen.

2 Für den Teig das Mehl mit dem Zucker und Salz vermischen, auf eine Arbeitsfläche häufen, in die Mitte eine Mulde drücken und das Ei hineingeben. Die Butter in kleine Stücke schneiden, um die Mulde herum verteilen. Sämtliche Zutaten mit dem Messer gut durchhacken, sodass kleine Teigkrümel entstehen. Anschließend mit beiden Händen zu einem geschmeidigen Teig verkneten. In Frischhaltefolie wickeln und 30 Minuten kalt stellen.

3 Dann auf bemehlter Arbeitsfläche dünn ausrollen und eine Tarteform damit auslegen.

4 Die Äpfel und Birnen waschen, schälen, halbieren, Kerngehäuse entfernen und in Spalten schneiden. Mit Zitronensaft beträufeln. Fächerförmig auf dem Teigboden verteilen und im vorgeheizten Backofen auf der mittleren Schiene etwa 20 Minuten backen.

5 Die Sahne mit den Eigelben und dem Honig verrühren. Den Backofen kurz öffnen und die Sahnemischung über das Obst gießen. Den Backofen wieder schließen und die Tarte weitere 20–25 Minuten goldbraun backen.

6 Den Kuchen etwas abkühlen lassen und mit Puderzucker bestäubt sowie mit Lavendel garniert nach Belieben lauwarm oder kalt servieren.

Zutaten für 1 Tarte
(26 cm Durchmesser)

Für den Teig:

150 g Mehl · 50 g Zucker · 1 Prise Salz

1 Ei · 100 g Butter

Für die Füllung:

2–3 säuerliche Äpfel (z. B. Boskop) · 2–3 Birnen

Saft von ½ Zitrone

250 g Sahne · 2 Eigelb

2 EL lauwarmer Lavendelhonig

Für die Garnitur:

Puderzucker zum Bestäuben

ungespritzte Lavendelzweige

Zubereitungszeit: 30 Minuten
Kühlzeit: 30 Minuten
Backzeit: 40–45 Minuten

Exotisches Früchtebrot
auf Kokosmakronenboden

Zutaten für 1 Springform
(26 cm Durchmesser)

Für den Boden:

Kokosraspel zum Ausstreuen

100 g Kokosraspel

200 g weiche Butter

200 g Zucker

2 TL Vanillezucker

1 Prise Salz

3 große Eier

abgeriebene Schale und Saft von
1 unbehandelten Orange

50 g gemahlene Mandeln

200 g Mehl

½ TL Backpulver

Für den Belag:

4–6 EL Konfitüre
(z.B. Mango oder Pfirsich)

1–2 TL Rum nach Belieben

2–3 Kiwi

1 Banane

2 Mango

1 Päckchen klarer Tortenguss

Zubereitungszeit: 25 Minuten
Backzeit: 20–30 Minuten

1 Den Backofen auf 180 °C Ober- und Unterhitze vorheizen. Eine Springform fetten und mit Kokosraspeln ausstreuen.

2 Für den Boden die Kokosraspel ohne Fett in einer Pfanne leicht anrösten, aber sie dürfen kaum Farbe annehmen; abkühlen lassen.

3 Die Butter cremig rühren. Den Zucker mit Vanillezucker und Salz mischen, abwechselnd mit den Eiern unter die Butter rühren. Die Orangenschale unterrühren. Die Mandeln mit Mehl und Backpulver mischen und nach und nach mit den Kokosraspeln dazugeben. Den Teig gleichmäßig in die Springform streichen und 20–30 Minuten goldbraun backen. Den Kuchen auf einem Kuchengitter abkühlen lassen.

4 Inzwischen den Kuchen mit dem Orangensaft tränken.

5 Für den Belag die Konfitüre nach Belieben mit etwas Rum glatt rühren und den Kuchen damit bestreichen. Die Früchte schälen und in dünne Scheiben bzw. Spalten schneiden und den Kuchen damit belegen.

6 Den Tortenguss nach Packungsanweisung zubereiten und sparsam mit einem Backpinsel die Früchte damit bestreichen. Der Kuchen soll glänzen, aber es soll keine „Schicht" aus Guss darauf sein. Den Guss trocknen lassen, dann servieren.

Apfel-Quark-Kuchen
mit Zimtstreuseln

Zutaten für 1 Springform
(24 cm Durchmesser)

Für den Teig:

400 g Mehl · 150 g Zucker · 1 Ei

200 g weiche Butter · 1 TL Zimt

Für die Füllung:

3 säuerliche Äpfel (z. B. Boskop)

3 EL Zitronensaft

4 Eier · 500 g Quark

150 g Zucker · 5 EL Grieß

Zubereitungszeit: 40 Minuten
Kühlzeit: 30 Minuten
Backzeit: 1 Stunde

1 Den Backofen auf 160 °C Umluft vorheizen. Die Springform mit Backpapier auslegen.

2 Das Mehl auf die Arbeitsfläche häufen, in die Mitte eine Mulde drücken. Den Zucker und das Ei in die Mulde geben, die Butter in Flöckchen schneiden und auf dem Rand verteilen. Rasch mit einem Messer durchhacken, dann mit den Händen zu einem Mürbeteig verkneten. Den Teig halbieren, unter die eine Hälfte den Zimt mischen. Beide Teige zur Kugel formen, in Frischhaltefolie wickeln und für 30 Minuten in den Kühlschrank legen.

3 Den Teig ohne Zimt auf einer bemehlten Arbeitsfläche ausrollen, die Form damit auslegen, einen 3 cm hohen Rand formen und den Boden mehrmals mit einer Gabel einstechen.

4 Die Äpfel waschen, schälen, vierteln, die Kerngehäuse entfernen. Die Viertel in dünne Spalten schneiden und sofort mit Zitronensaft beträufeln.

5 Die Eier trennen. Den Quark, den Zucker und die 4 Eigelb verrühren, den Grieß untermischen. 2 Eiweiß steif schlagen und unter die Masse ziehen. Den Teig mit Äpfeln belegen und die Quarkmasse darübergeben.

6 Aus dem Zimtteig mit den Fingern Streusel reiben und darüberstreuen. Im Backofen 50–60 Minuten auf mittlerer Schiene goldbraun backen.

Gedeckter Apfelkuchen
ein Obstklassiker

1 Für den Teig Mehl mit Backpulver, Zucker, Vanillezucker und Salz in einer Schüssel mischen. Die Butter stückchenweise mit einem Messer unterhacken. Das Ei untermengen, alles schnell zu einem glatten Teig kneten und 10 Minuten kühl stellen.

2 Den Backofen auf 160 °C Umluft vorheizen. Eine Pieform mit Backpapier auslegen. Die Hälfte des Teiges ausrollen, die Springform damit auslegen und einen Rand hochziehen. Mit der Gabel den Boden einige Male einstechen und 10 – 15 Minuten hellgelb backen.

3 Für die Füllung die Äpfel schälen und in einem kleinen Topf mit etwas Wasser, Zucker, Zimt und den Rosinen weich dünsten.

4 Inzwischen den restlichen Teig zu einer Platte ausrollen. Die Füllung auf den vorgebackenen Boden in der Form geben und die Teigplatte darüberlegen. Die Ränder gut an den Boden drücken.

5 Den Teig mit dem Eigelb bestreichen und etwa 25 Minuten goldbraun backen lassen.

Zutaten für 1 Pieform (24 cm Durchmesser)

Für den Teig:

300 g Mehl · 2 TL Backpulver · 100 g Zucker

2 TL Vanillezucker · 1 Prise Salz

200 g Butter · 1 Ei

Für die Füllung:

1 kg Äpfel (z. B. Boskop) · 2 – 4 EL Wasser

50 g Zucker · 1 Msp. Zimt · 1 EL Rosinen

Zum Bestreichen:

1 Eigelb

Zubereitungszeit: 20 Minuten
Kühlzeit: 10 Minuten
Backzeit: 35 Minuten

Hefestreuselkuchen
mit Aprikosen

**Zutaten für 1 Springform
(28 cm Durchmesser)**

Für den Teig:

450 g Mehl (Wiener Griessler) · 30 g frische Hefe

2 EL Zucker · 200 ml lauwarme Milch

60 g zerlassene Butter · ½ TL Salz

Für die Streusel:

150 g Mehl · 60 g Zucker · 100 g Butter

Für den Belag:

800 – 1000 g frische Aprikosen

300 g Quark (20 % Fett) · 3 EL Zucker

1 Päckchen Vanillezucker · 2 Eigelb

100 g Sahne

Zubereitungszeit: 30 Minuten
Ruhezeit: 1 Stunde 20 Minuten
Backzeit: 35 – 40 Minuten

1 Das Mehl in eine Schüssel geben, eine Mulde hineindrücken und die Hefe darin zerbröckeln. Den Zucker daraufstreuen, 50 ml lauwarme Milch zugeben und etwa 20 Minuten gehen lassen.

2 Danach die Butter, Salz und etwa ⅓ der restlichen Milch dazugeben. Mit den Knethaken des Handrührgeräts einen geschmeidigen Hefeteig kneten. Die übrige Milch nach und nach bei Bedarf zugeben. Der Teig sollte auf keinen Fall zu trocken sein. Zugedeckt an einem warmen und nicht zugigen Ort 1 Stunde gehen lassen, bis er etwa das doppelte Volumen erreicht hat.

3 Mehl, Zucker und Butter zu Streuseln verkneten. Bis zur weiteren Verarbeitung kühl stellen. Für den Belag die Aprikosen mit kochendem Wasser überbrühen, häuten, halbieren und entkernen. Eine Springform einfetten. Den Backofen auf 180 °C Umluft vorheizen.

4 Den Teig auf einer bemehlten Arbeitsfläche mit den Händen noch einmal gut durchkneten, dann zu einer Kugel formen und 2 – 3 cm breiter als der Durchmesser der Springform ausrollen. In die eingefettete Springform legen und den Rand hochziehen. Den Teig mit einer Gabel einstechen.

5 Den Quark mit dem Zucker, dem Vanillezucker und den Eigelben verrühren. Die Sahne steif schlagen und unterheben. Die Masse auf dem Hefeteig verstreichen. Dann mit den Aprikosenhälften belegen.

6 Die Streusel über die Aprikosen streuen. Den Kuchen im Backofen auf der mittleren Schiene 35 – 40 Minuten goldbraun backen. Stäbchenprobe durchführen (siehe Seite 10). Mit Puderzucker bestäubt servieren.

Amarenakuchen
aus Milchreis und Quark

1 Für den Milchreis die Milch in einen Topf geben. Milchreis, Zucker, die Zimtstange und Zitronenschale hinzufügen. Aufkochen und bei geringer Hitze etwa 20 Minuten köcheln lassen. Den Herd ausschalten und den Reis weitere 20 Minuten ausquellen und lauwarm abkühlen lassen.

2 Für den Teig Mehl mit Salz mischen, auf die Arbeitsfläche häufen und in die Mitte eine Mulde drücken. Ei, gesiebten Puderzucker und kalte Butter in Stückchen hineingeben. Alles schnell zu einem glatten Teig verkneten. In Frischhaltefolie wickeln und 30 Minuten in den Kühlschrank legen.

3 Den Teig kurz durchkneten. Aus der Hälfte auf einer bemehlten Arbeitsfläche einen Kreis in Größe der Springform ausrollen und in die mit Backpapier ausgelegte Form legen. Aus dem restlichen Teig eine Rolle formen, diese gleichmäßig an den Rand der Springform drücken. Den Teig mehrmals mit einer Gabel einstechen.

4 Den Backofen auf 180 °C Unter- und Oberhitze vorheizen.

5 Für die Füllung die Kirschen abtropfen lassen. Einige für die Garnitur beiseitelegen. Die Eier trennen. Die Eiweiße steif schlagen, dabei 2 Esslöffel Zucker und das Salz einrieseln lassen. Die Eigelbe mit Quark, restlichem Zucker und Zitronensaft verrühren.

6 Zimtstange und Zitronenschale aus dem Milchreis entfernen und den Reis unter die Quarkmasse rühren. Den Eischnee unterheben. Die Hälfte der Reis-Quark-Creme auf den Mürbeteigboden streichen, die Hälfte der Kirschen darauf verteilen. Die restliche Creme daraufstreichen und mit den übrigen Kirschen belegen. Im vorgeheizten Backofen 50–60 Minuten backen. Falls der Teig zu stark bräunt, rechtzeitig mit Alufolie abdecken.

7 Zum Servieren mit Minzeblättchen und Kirschen belegen und mit Puderzucker bestäuben.

Zutaten für 1 Springform (26 cm Durchmesser)

Für den Milchreis:

500 ml Milch · 250 g Milchreis

125 g Zucker · 1 Zimtstange

Schale und Saft von 1 unbehandelten Zitrone

Für den Mürbeteig:

200 g Mehl · 1 Prise Salz · 1 Ei

3 EL Puderzucker · 100 g kalte Butter

Für die Füllung:

125 g Amarenakirschen (Glas) · 4 Eier

100 g Zucker · 1 Prise Salz · 350 g Quark

2 EL Zitronensaft

Für die Garnitur:

Minzeblättchen · Amarenakirschen · Puderzucker

Zubereitungszeit: 45 Minuten
Kühlzeit: 1 Stunde
Backzeit: 50–60 Minuten

Blechkuchen

Streuselkuchen
mit Kirsch-Quark-Füllung

**Zutaten für 1 Backblech
(etwa 20 Stücke)**

Für den Mürbeteig:

300 g Mehl

80 g Zucker

1 Ei

1–2 EL Sahne

150 g Butter

Für die Streusel:

120 g Butter

100 g Zucker

200 g Mehl

Für den Belag:

500 g Kirschen

4 Eier

750 g Magerquark

180 g Zucker

1 TL abgeriebene Schale von einer
unbehandelten Zitrone

4 EL Zitronensaft

80 g Butter

1 Packung Vanillepuddingpulver

1 TL Backpulver

75 g Weichweizengrieß

1 Eiweiß

Puderzucker zum Bestäuben

Zubereitungszeit: 1 Stunde
Kühlzeit: 30 Minuten
Backzeit: 45–50 Minuten

1 Für den Mürbeteig das Mehl auf die Arbeitsfläche häufen, in die Mitte eine Mulde drücken. Den Zucker, das Ei und die Sahne in die Mulde geben, die Butter in Flöckchen schneiden und auf dem Rand verteilen. Rasch mit einem Messer durchhacken, dann mit den Händen zu einem glatten Teig verkneten und in Frischhaltefolie gewickelt im Kühlschrank 30 Minuten ruhen lassen.

2 Den Backofen auf 175 °C Ober- und Unterhitze vorheizen. Ein Backblech mit Backpapier auslegen.

3 Für die Streusel Butter, Zucker und Mehl in einer Schüssel mischen und zu Streuseln verarbeiten. Dafür den Teig immer wieder zwischen den Händen reiben, bis er eine bröselige Konsistenz angenommen hat. Die Streusel zugedeckt kalt stellen.

4 Den Mürbeteig auf dem vorbereiteten Backblech ausrollen, mehrfach mit einer Gabel einstechen und 15 Minuten im Backofen vorbacken.

5 Inzwischen für den Belag die Kirschen waschen, enkernen, einige mit Stiel und Stein für die Garnitur beiseitelegen. Eier trennen. Die Eiweiße beiseitestellen. Quark, Zucker, Eigelbe, Zitronenschale und -saft verrühren. Butter schmelzen, etwas abkühlen lassen und unterheben. Puddingpulver, Backpulver und Grieß mischen und unter die Quarkmasse rühren.

6 Alle 5 Eiweiß steif schlagen und mit den Kirschen vorsichtig unter die Grieß-Quark-Masse heben. Die Kirschmasse und auf dem Mürbeteigboden verteilen und mit den Streuseln bestreuen. Die Temperatur im Backofen auf 200 °C erhöhen und den Kuchen in 30–35 Minuten fertig backen Stäbchenprobe durchführen (siehe Seite 10).

7 Abkühlen lassen, mit Puderzucker bestäuben, mit Kirschen garnieren und vor dem Servieren in Stücke schneiden.

Apfelkuchen
unter Baiserhaube

Zutaten für 1 Backblech (etwa 16 Stücke)

Für den Teig:

200 g weiche Butter · 100 g Zucker

2 Päckchen Vanillezucker · 1 Prise Salz

3 Eigelb · 1 Ei · 350 g Mehl · 2 TL Backpulver

4 EL Milch · 2 TL abgeriebene Schale
von einer unbehandelten Zitrone

Für den Belag:

1 ½ kg Boskop-Äpfel · Saft von 1 Zitrone

100 g gemahlene Mandeln

100 g Zucker · 3 Eiweiß · 1 Prise Salz

125 g Puderzucker · 4 EL gehackte Mandeln

4 EL Mandelblättchen

Zubereitungszeit: 45 Minuten
Backzeit: 50 Minuten

1 Ein Backblech mit Backpapier auslegen. Den Backofen auf 200 °C Ober- und Unterhitze vorheizen.

2 Butter, Zucker, Vanillezucker und Salz in eine Schüssel geben und cremig rühren. Die Eigelbe und das ganze Ei nacheinander zur Buttermischung geben und schaumig rühren. Das Mehl mit dem Backpulver mischen, sieben und mit der Milch und der Zitronenschale hinzufügen.

3 Die Äpfel schälen, vierteln, die Kerngehäuse entfernen und in Spalten schneiden. Sofort mit Zitronensaft beträufeln. Den Teig auf das vorbereitete Backblech streichen, mit den Mandeln bestreuen und dicht mit den Apfelspalten belegen. Mit dem Zucker bestreuen und im vorgeheizten Backofen etwa 30 Minuten vorbacken.

4 Inzwischen die Eiweiße mit 1 Prise Salz und dem Puderzucker steif schlagen. Die Baisermasse auf den Äpfeln verstreichen. Die gehackten Mandeln darüberstreuen.

5 Die Backofentemperatur auf 180 °C reduzieren und den Kuchen etwa 20 Minuten goldbraun fertig backen. Stäbchenprobe durchführen (siehe Seite 10). Vor dem Servieren in Stücke schneiden.

Aprikosenschnitten
mit Quarkcreme

1 Das Mehl mit Backpulver, Salz, Zucker und Vanillezucker mischen und auf die Arbeitsfläche häufen, in die Mitte eine Mulde drücken. Die kalte Butter in kleine Flöckchen schneiden und auf dem Rand verteilen. Die Eier in die Mitte geben, etwa 50 ml lauwarmes Wasser zugeben und sämtliche Zutaten mit dem Messer gut durchhacken, sodass kleine Teigkrümel entstehen. Mit den Händen rasch zu einem Teig verkneten, zu einer Kugel formen, in Frischhaltefolie wickeln und etwa 30 Minuten kühl stellen.

2 Den Backofen auf 200 °C Ober- und Unterhitze vorheizen. Ein Backblech mit Backpapier belegen.

3 Für den Belag Quark nach und nach mit Zucker, Eiern, Sahne, Puddingpulver und Mandelstiften unterrühren. Die Aprikosen waschen, halbieren, entkernen und in schmale Spalten schneiden.

4 Von dem Mürbeteig $\frac{2}{3}$ zwischen zwei Lagen Backpapier in Größe des Blechs ausrollen und das Blech damit auskleiden. Mit einer Gabel mehrmals einstechen. Die Quarkmasse gleichmäßig darauf verteilen und mit den Aprikosen belegen. Den restlichen Teig locker über den Belag bröseln.

5 Die Temperatur des Backofens auf 180 °C einstellen und etwa 45 Minuten goldbraun backen. Stäbchenprobe durchführen (siehe Seite 10). Herausnehmen, abkühlen lassen, dann vor dem Servieren in Stücke schneiden und mit Puderzucker bestäuben.

Zutaten für 1 Backblech (etwa 16 Stücke)

Für den Teig:

750 g Mehl · 1 Päckchen Backpulver

1 Prise Salz · 200 g Zucker

1 Päckchen Vanillezucker · 400 g Butter · 2 Eier

Für den Belag:

1 ½ kg Quark · 200 g Zucker

4 Eier · 100 g Sahne

2 Packungen Vanillepuddingpulver

100 g Mandelstifte · 1 kg Aprikosen

Puderzucker zum Bestäuben

Zubereitungszeit: 1 Stunde
Backzeit: 45 Minuten
Kühlzeit: 30 Minuten

Hefekuchen
mit Apfel-Mandel-Kruste

Zutaten für 1 Backblech
(etwa 16 Stücke)

Für den Hefeteig:

500 g Mehl

1 Würfel Hefe

500 ml lauwarme Milch

100 g Zucker

1 Ei

1 Prise Salz

½ TL abgeriebene Schale von einer
unbehandelten Zitrone

1 TL Zimtpulver

60 g Butter

Semmelbrösel zum Ausstreuen

Für den Belag:

1 ½ kg Äpfel

50 ml Zitronensaft

125 g Mandelblättchen

Puderzucker zum Bestäuben

Zubereitungszeit: 1 Stunde
Ruhezeit: etwa 50 Minuten
Backzeit: 40 Minuten

1 Für den Hefeteig das Mehl in eine Rührschüssel geben, in die Mitte eine Mulde drücken und die Hefe hineinbröckeln. Mit etwas lauwarmer Milch und Mehl vom Rand verrühren und zugedeckt 15 Minuten gehen lassen.

2 Die restliche lauwarme Milch mit der Hälfte des Zuckers, dem Ei, Salz, Zitronenschale und der Hälfte des Zimts dazugeben. Die Butter in kleinen Flöckchen auf dem Rand verteilen und alles mit den Knethaken des Handrührgeräts oder der Küchenmaschine zu einem glatten Teig verkneten. Zugedeckt weitere 30 Minuten an einem warmen Ort gehen lassen, bis er etwa das doppelte Volumen erreicht hat.

3 Den Backofen auf 200 °C Ober- und Unterhitze vorheizen. Ein Backblech einfetten und mit Bröseln bestreuen.

4 Den Hefeteig wiederum durchkneten, auf dem Blech ausrollen und nochmals kurz gehen lassen. Die Äpfel schälen, vierteln, Kerngehäuse entfernen und in kleine Schnitze schneiden, sofort mit Zitronensaft beträufeln. Den restlichen Zucker und Zimt untermischen.

5 Die Apfelschnitze mit den Mandeln auf dem Hefeteig verteilen und den Kuchen etwa 40 Minuten backen. Vor dem Servieren dünn mit Puderzucker bestäuben.

Himbeer-Brombeer-Biskuit
unter Mandelbaiserhaube

Zutaten für 1 Backblech
(etwa 20 Stücke)

Für den Biskuitboden:

6 Eier · 150 g Zucker · Salz

125 g Mehl · 125 g gemahlene Mandeln

Für den Belag:

500 g Himbeeren · 500 g Brombeeren

80 g Himbeergelee

Für das Baiser:

5 Eiweiß · 175 g feiner Zucker

2 – 3 Tropfen Bittermandelaroma

3 EL gehobelte Mandeln zum Bestreuen

Puderzucker zum Bestäuben

Zubereitungszeit: 1 Stunde
Backzeit: etwa 16 Minuten

1 Ein Backblech mit Backpapier auslegen. Den Backofen auf 200 °C Ober- und Unterhitze vorheizen.

2 Für den Biskuit die Eier trennen. Die Eigelbe mit 2 Esslöffeln Wasser und der Hälfte des Zuckers schaumig rühren. Die Eiweiße mit 1 Prise Salz steif schlagen, den restlichen Zucker einrieseln lassen und einige Minuten weiterschlagen, bis der Eischnee glänzt und steife Spitzen zieht. Den Eischnee auf die Eigelbmasse geben. Das Mehl mit den Mandeln vermischen, auf den Eischnee geben und alles zusammen vorsichtig unterheben.

3 Die Biskuitmasse auf das vorbereitete Blech streichen und im vorgeheizten Backofen etwa 12 Minuten goldbraun backen. Stäbchenprobe durchführen (siehe Seite 10). Herausnehmen und etwas abkühlen lassen.

4 Zwischenzeitlich die Beeren verlesen, waschen und abtropfen lassen. Das Gelee erwärmen und auf die leicht abgekühlte Biskuitplatte streichen. Die Beeren darauf verteilen. Die Backofentemperatur auf 250 °C erhöhen.

5 Für das Baiser die Eiweiße steif schlagen. Den Zucker nach und nach zugeben und weiterschlagen, bis die Masse glänzt. Zuletzt das Bittermandelaroma unterrühren. Das Eiweiß wolkig auf den Beeren verstreichen, mit gehobelten Mandeln bestreuen und bei 250 °C etwa 4 Minuten goldbraun überbacken. Herausnehmen und den Kuchen abkühlen lassen. Zum Servieren dünn mit Puderzucker bestäuben.

Schokoladen-Johannisbeer-Schnitten mit Vanillecreme

1 Den Backofen auf 200 °C Ober- und Unterhitze vorheizen. Ein Backblech mit Backpapier belegen.

2 Die Eier trennen. Die Eiweiße in eine separate Schüssel geben. Eigelbe mit 100 g Zucker, Vanillezucker und Salz schaumig rühren. Die Eiweiße mit dem restlichen Zucker steif schlagen. Die Hälfte des Eischnees unter die Eigelbmasse heben, dann Mehl, Backpulver und Kakao unterziehen. Den restlichen Eischnee unterheben.

3 Den Teig gleichmäßig auf ein mit Backpapier ausgelegtes Backblech verstreichen. Im vorgeheizten Backofen auf der mittleren Schiene etwa 10–15 Minuten backen. Stäbchenprobe durchführen (siehe Seite 10). Danach leicht abkühlen lassen, auf ein Brett stürzen und das Papier abziehen.

4 Inzwischen die Vanilleschote längs aufschneiden, das Vanillemark herauskratzen und mit der Vanilleschote in die Milch rühren. Aufkochen und vom Herd nehmen.

5 Die Eigelbe mit dem Zucker und dem Salz in einer Schüssel cremig rühren, dabei die Stärke untermischen.

6 Die abgekühlte Milch langsam in die Eigelbcreme rühren, alles zurück in den Topf gießen, Vanilleschote herausnehmen. Alles auf kleiner Flamme unter ständigem Schlagen einmal aufkochen lassen, vom Herd nehmen und etwas abkühlen lassen.

7 Die Gelatine 10 Minuten in kaltem Wasser einweichen. Vanillecreme durch ein Sieb streichen, Gelatine darin auflösen. Creme in einer Schüssel abgedeckt im Kühlschrank halbfest werden lassen. Johannisbeeren waschen und abtropfen lassen. Einige zum Garnieren beiseitelegen. Die restlichen von den Rispen streifen und unter die Creme heben.

8 Die Teigplatte quer halbieren. Eine Hälfte mit Likör beträufeln und mit der Hälfte der Creme bestreichen. Die andere Teighälfte darauflegen, mit der restlichen Creme bestreichen. Mit den Schokoladenraspeln bestreuen und zum Servieren in Stücke schneiden. Nach Belieben mit frischen Johannisbeeren garnieren.

Zutaten für 1 Backblech (etwa 16 Stücke)

Für den Teig:

4 Eier · 125 g Zucker · 1 Päckchen Vanillezucker

1 Prise Salz · 140 g Mehl · 2 TL Backpulver

2 EL Kakao

Für die Füllung:

1 Vanilleschote · ½ l Milch · 5 Eigelb

100 g Zucker · 1 Prise Salz · 30 g Stärke

2 Blatt weiße Gelatine

250 g Rote Johannisbeeren

2 cl Johannisbeerlikör

Für die Garnitur:

100 g feine Schokoladenraspel

Zubereitungszeit: 45 Minuten
Backzeit: 10–15 Minuten

Quark-Rosinen-Kuchen
im Schokoladenmantel

Zutaten für 1 Backblech

Für den Teig:

250 g Mehl

50 gemahlene Mandeln

80 g Zucker

1 Ei

150 g Butter

Für den Belag:

5 Eier

1 Päckchen Vanillezucker

150 g Zucker

1 EL Zitronensaft

800 g Quark

60 g zerlassene Butter

150 g Rosinen

150 ml Milch

60 g Mehl

1 ½ EL Stärke

1 TL Backpulver

Für den Überzug:

200 g Zartbitterkuvertüre

Zubereitungszeit: 45 Minuten
Kühlzeit: 30 Minuten
Backzeit: 35 – 45 Minuten

1 Den Backofen auf 180 °C Ober- und Unterhitze vorheizen. Ein Backblech einfetten.

2 Für den Mürbeteig das Mehl mit den Mandeln mischen, auf die Arbeitsfläche häufen und in die Mitte eine Mulde drücken. Den Zucker und das Ei hineingeben. Die Butter in Flöckchen schneiden und auf dem Rand verteilen. Mit einem Messer durchhacken, dann mit den Händen rasch zu einem glatten Teig verkneten und in Frischhaltefolie gewickelt im Kühlschrank 30 Minuten ruhen lassen. Teig auf der bemehlten Arbeitsfläche dünn ausrollen und auf das gefettete Backblech legen.

3 Für den Belag die Eier trennen. Die Eigelbe mit Vanillezucker, Zucker, Zitronensaft, Quark, Butter, Rosinen und Milch glatt rühren. Das Mehl mit Stärke und Backpulver vermengen und unter die Quarkmasse rühren und zum Schluss die steif geschlagenen Eiweiße unterziehen.

4 Die Masse auf den Boden streichen und im vorgeheizten Backofen etwa 35 – 45 Minuten backen. Stäbchenprobe durchführen (siehe Seite 10). Herausnehmen und auskühlen lassen.

5 Die Zartbitterkuvertüre hacken, über einem heißen Wasserbad schmelzen lassen und den Kuchen damit überziehen. Den Überzug fest werden lassen und vor dem Servieren in Stücke schneiden.

Millirahmstrudel
gefüllt mit Rosinen

Zutaten für 2 Strudel

Für den Teig:

250 g Mehl · 2 EL Öl · 1 Ei · 1 Prise Salz

125 ml lauwarmes Wasser · Öl zum Bestreichen

Für die Füllung:

150 g Rosinen · etwas Rum

100 g Semmelbrösel · 100 g Butter

150 g Zucker · 5 Eier, getrennt

375 ml Sauerrahm

abgeriebene Schale von 1 unbehandelten Zitrone

100 g gemahlene Haselnusskerne

Für das Backen und die Garnitur:

40–60 g zerlassene Butter

Puderzucker zum Bestäuben

Zubereitungszeit: 30 Minuten
Ruhezeit: 30 Minuten
Backzeit: 30–40 Minuten

1 Für den Teig das Mehl in eine Schüssel geben und in die Mitte eine Mulde drücken. Öl, Ei und Salz hineingeben und von der Mitte aus alles mit der Hand oder den Knethaken des Handrührgeräts zu einem glatten Teig verkneten. Dabei so viel Wasser zugeben, dass der Teig weich, aber nicht klebrig wird. Teig halbieren, jeweils eine glatte Kugel formen, mit etwas Öl bestreichen, in Frischhaltefolie einwickeln und an einem warmen Ort mindestens 30 Minuten ruhen lassen.

2 Für die Füllung Rosinen heiß waschen, abtropfen lassen, in einer Schüssel mit Rum tränken und ziehen lassen.

3 Den Backofen auf 180 °C Ober- und Unterhitze vorheizen. Eine Bratreine oder Auflaufform gut fetten oder ein Backblech mit Backpapier auslegen.

4 Semmelbrösel in 30 g Butter goldbraun rösten. Restliche Butter schaumig schlagen, Zucker und Eigelbe nacheinander unterschlagen. Sauerrahm und Zitronenschale unterrühren. Nüsse mit Rosinen und Bröseln unterheben.

5 Strudelteig ausziehen (siehe Seite 58) und auf ein bemehltes Tuch legen. Ränder mit flüssiger Butter bestreichen.

6 Die Eiweiße zu Schnee schlagen und unter die Rahmmasse ziehen. Die Hälfte der Masse auf dem Strudelteig gleichmäßig verteilen, Ränder einschlagen, locker aufrollen und den Strudel mithilfe des Tuches in die Form bzw. auf das Blech heben. Dabei soll die Naht unten in der Form bzw. auf dem Blech sein. Mit dem zweiten Teig ebenso verfahren.

7 Die Strudel großzügig mit der restlichen flüssigen Butter bestreichen und in 30–40 Minuten goldbraun backen.

8 Die garen Strudel vor dem Anrichten ruhen lassen, dann portionieren und mit Puderzucker bestäuben.

Nach Belieben kann aus dem gesamten Teig auch nur ein großer Strudel hergestellt werden.

Rhabarberschnitten
unter Mandelstreuseln

1 Den Backofen auf 180 °C Ober- und Unterhitze vorheizen. Ein Backblech mit Butter fetten und bemehlen.

2 Für den Teig die zimmerwarme Butter schaumig rühren. Abwechselnd Zucker und Eier unterrühren. Dann Salz zugeben. Das Backpulver mit dem Mehl mischen. Zusammen mit der Milch nach und nach zügig unterrühren, sodass ein geschmeidiger, streichfähiger Teig entsteht. Diesen auf das Blech geben und glatt streichen.

3 Für den Belag den Rhabarber putzen, waschen und gut trocken tupfen. In 1–2 cm große Stücke schneiden und mit dem Vanillezucker vermengen. Die Rhabarberstücke gleichmäßig auf dem Teig verteilen.

4 Für die Streusel das Mehl mit den Mandeln und dem Zucker mischen. Die Butter in kleinen Stückchen zugeben und alles zwischen den Händen krümelig zu Streuseln zerreiben. Über den Rhabarber streuen.

5 Den Kuchen im vorgeheizten Backofen etwa 45 Minuten backen. Stäbchenprobe durchführen (siehe Seite 10). Aus dem Backofen nehmen, auskühlen lassen. Vor dem Servieren in Stücke schneiden und mit Puderzucker bestäuben.

Für 1 Backblech (etwa 20 Stücke)

Für den Teig:

250 g weiche Butter · 125 g Zucker · 4 Eier

1 Prise Salz · 2 TL Backpulver · 400 g Mehl

etwa 100 ml Milch

Für den Belag:

1 kg Rhabarber · 2 Päckchen Vanillezucker

Für die Streusel:

100 g Mehl · 100 g gemahlene Mandeln

50 g Zucker · 100 g Butter

Puderzucker zum Bestäuben

Zubereitungszeit: 45 Minuten
Backzeit: etwa 45 Minuten

Birnenhefekuchen
mit Mohnfüllung

**Zutaten für 1 Backblech
(etwa 20 Stücke)**

Für den Teig:

1 Würfel Hefe

etwa 125 ml lauwarme Milch

350 g Mehl

60 g Zucker

1 Prise Salz

1 Päckchen Vanillezucker

50 g flüssige Butter

Für die Streusel:

150 g Butter

200 g Mehl

100 g Zucker

Für die Füllung:

150 g Mohn-Back-Füllung
(Fertigprodukt)

2 – 3 EL Sahne

4 reife Birnen

1 – 2 EL Zitronensaft

Zubereitungszeit: 45 Minuten
Ruhezeit: 1 Stunde
Backzeit: 40 Minuten

1 Den Backofen auf 180 °C Ober- und Unterhitze vorheizen. Ein Backblech fetten und bemehlen oder mit Backpapier auslegen.

2 Für den Teig die Hefe in der lauwarmen Milch glatt rühren. Mehl mit Zucker, Salz, Vanillezucker und Butter in eine Schüssel geben. Die Hefemilch zugießen und alles mit den Knethaken des Handrührgeräts zu einem glatten Teig verkneten. Zugedeckt an einem warmen Ort etwa 40 Minuten gehen lassen.

3 In der Zwischenzeit für die Streusel Butter mit Mehl und Zucker in eine Schüssel geben und mit den Händen krümelig zu Streuseln zerreiben.

4 Den Hefeteig auf der bemehlten Arbeitsfläche ein weiteres Mal gut durchkneten, ausrollen und auf das Blech legen, dabei einen kleinen Rand formen. Nochmals etwa 20 Minuten abgedeckt gehen lassen.

5 Die Mohn-Back-Füllung in einer Schüssel mit der Sahne streichfähig verrühren.

6 Die Birnen schälen, vierteln, Kerngehäuse entfernen, in Spalten schneiden und sofort mit Zitronensaft beträufeln.

7 Den Hefeteig mit der Mohnfüllung bestreichen, mit den Birnen belegen und die Streusel darüber verteilen. Den Kuchen im vorgeheizten Backofen auf der mittleren Schiene etwa 40 Minuten backen. Stäbchenprobe durchführen (siehe Seite 10). Vor dem Servieren in Stücke schneiden.

Apfel-Beeren-Kuchen
mit Marzipan-Schmand-Guss

1 Für den Teig die Butter schaumig rühren, dann Zucker, Vanillezucker, Salz und Eier nach und nach unterrühren. Das Mehl mit dem Backpulver und den Mandeln mischen und unter die Schaummasse rühren. Den Teig gleichmäßig auf ein gefettetes Backblech streichen. Den Backofen auf 200 °C Ober- und Unterhitze vorheizen.

2 Für den Belag die Äpfel schälen. Mit einem Apfelausstecher Kerngehäuse entfernen. Äpfel in etwa 1 cm dicke Scheiben schneiden und auf dem Teig verteilen. Backofentemperatur auf 180 °C reduzieren und den Boden etwa 30 Minuten vorbacken.

3 Inzwischen die Beeren verlesen, waschen und abtropfen lassen. Für den Guss die Marzipanrohmasse mit der Sahne verrühren, dann Eier und Puddingpulver unterziehen.

4 Die vorbereiteten Beeren auf dem Kuchen verteilen, den Guss darübergeben und mit Mandelblättchen bestreuen. Im Backofen weitere 20 Minuten backen. Stäbchenprobe durchführen (siehe Seite 10). Herausnehmen, auskühlen lassen und vor dem Servieren mit Puderzucker bestäuben.

Zutaten für 1 Backblech (etwa 16 Stücke)

Für den Teig:

225 g weiche Butter · 180 g Zucker

1 Päckchen Vanillezucker · 1 Prise Salz · 4 Eier

225 g Mehl · 2 TL Backpulver

150 g gemahlene Mandeln

Für den Belag:

1 kg säuerliche Äpfel

400 g gemischte Beeren
(z. B. Himbeeren, Heidelbeeren, Johannisbeeren)

Für den Guss:

100 g Marzipanrohmasse · 400 g Sahne

3 Eier · 2 EL Vanillepuddingpulver

50 g Mandelblättchen

Puderzucker zum Bestäuben

Zubereitungszeit: 45 Minuten
Backzeit: 50 Minuten

Quarkblechkuchen
mit Eierlikör

1 Den Backofen auf 175 °C Umluft vorheizen. Ein Backblech gut einölen.

2 Für den Teig Quark mit Öl, Ei, Zucker und Vanillezucker in einer großen Schüssel verrühren. Mehl und Backpulver mischen, zugeben und alles zu einem glatten Teig verkneten.

3 Den Teig auf einer leicht bemehlten Arbeitsfläche dünn ausrollen. Auf das geölte Blech legen und dieses damit vollständig auskleiden.

4 Für den Belag die Eier trennen. Die Eiweiße mit Salz steif schlagen. Die Eigelbe mit Quark, Eierlikör, Puddingpulver, Zucker und Vanillezucker verrühren. Die Sultaninen und die Mandelblättchen untermengen. Dann den Eischnee vorsichtig unterheben.

5 Die Quarkmasse gleichmäßig auf dem Teig verteilen und im Backofen auf der mittleren Schiene in etwa 1 Stunde goldbraun backen. Stäbchenprobe durchführen (siehe Seite 10). Bräunt der Kuchen zu stark, rechtzeitig mit Alufolie abdecken.

6 Den Kuchen auskühlen lassen und in Stücke schneiden. Die Sahne steif schlagen und die Kuchenstücke nach Belieben mit einem Klecks Sahne, etwas Eierlikör und Schokoröllchen verzieren und mit Kakao bestäuben.

Zutaten für 1 tiefes Backblech (etwa 20 Stücke)

Für den Quark-Öl-Teig:

200 g Magerquark · 100 ml Öl · 1 Ei

100 g Zucker · 1 Päckchen Vanillezucker

350 g Mehl · ½ Päckchen Backpulver

Fur den Belag:

7 Eier · 1 Prise Salz

1 kg Magerquark· 350 ml Eierlikör

1 Päckchen Vanillepuddingpulver

250 g Zucker · 1 Päckchen Vanillezucker

100 g Sultaninen · 100 g Mandelblättchen

Für die Garnitur:

250 g Sahne · Eierlikör

Schokoröllchen · Kakaopulver

Zubereitungszeit: 40 Minuten
Backzeit: 1 Stunde

Apfelkuchen vom Blech
honigsüß und saftig

Zutaten für 1 Backblech
(etwa 25 x 40 cm)

etwa 6 – 7 Äpfel

3 EL Zitronensaft

175 g weiche Butter

125 g Zucker

4 Eier

1 Prise Salz

400 g Mehl

2 TL Backpulver

etwa 100 ml Milch

4 EL lauwarmer Honig

Zimtzucker zum Bestreuen

Zubereitungszeit:
1 Stunde 30 Minuten
Backzeit: 45 – 50 Minuten

1 Den Backofen auf 180 °C Ober- und Unterhitze vorheizen. Ein Backblech mit Backpapier auslegen.

2 Die Äpfel schälen, vierteln, die Kerngehäuse entfernen und in Spalten schneiden. Mit dem Zitronensaft vermischen.

3 Die weiche Butter schaumig rühren. Abwechselnd Zucker und Eier unterrühren. Das Salz dazugeben. Dann Mehl mit Backpulver vermischen, daraufsieben und abwechselnd mit Milch nach und nach zügig unterrühren, sodass ein glatter Teig entsteht.

4 Auf dem mit Backpapier ausgelegten Backblech verteilen. Die Apfelspalten fächerartig auf dem Teig verteilen, leicht andrücken und mit erwärmtem, flüssigem Honig bepinseln. Im vorgeheizten Backofen auf der mittleren Schiene in etwa 45 – 50 Minuten goldbraun backen. Stäbchenprobe durchführen (siehe Seite 10).

5 Auf dem Blech auskühlen lassen und zum Servieren mit Zimtzucker bestreuen. Vor dem Servieren vom Blech nehmen und in Stücke schneiden.

Frischkäsekuchen
mit roten Beeren

1 Den Backofen auf 180 °C Ober- und Unterhitze vorheizen. Ein Backblech mit Backpapier auslegen

2 Für den Mürbeteig das Mehl auf die Arbeitsfläche häufen und in die Mitte eine Mulde drücken. Den Zucker, das Salz, den Vanillezucker und das Ei in die Mulde geben, die Butter in Flöckchen schneiden und auf dem Rand verteilen. Mit einem Messer durchhacken, dann mit den Händen rasch zu einem glatten Teig verkneten und in Frischhaltefolie gewickelt im Kühlschrank 30 Minuten ruhen lassen.

3 Für den Belag die Eier trennen. Die Kirschen abtropfen lassen. Die Eigelbe mit der Hälfte des Zuckers und dem Frischkäse verquirlen, Quark und Puddingpulver untermischen. Die Eiweiße mit dem restlichen Zucker steif schlagen und unter die Quarkmasse heben.

4 Die Beeren nach Bedarf waschen und abtropfen lassen. Von den Himbeeren und Johannisbeeren einige für die Garnitur beiseitelegen, den Rest von den Rispen zupfen und zu den Kirschen geben.

5 Den Teig auf dem Backblech ausrollen, kleine Ränder formen und die Quark-Frischkäse-Masse aufstreichen. Das Obst darüber verteilen, mit der Handfläche leicht in den Teig drücken.

6 Im vorgeheizten Backofen auf der mittleren Schiene etwa 40–50 Minuten backen, herausnehmen, in der Form auskühlen lassen. Nach Belieben mit Beeren und einem Blättchen Zitronenmelisse garnieren, mit Puderzucker bestäuben. Vor dem Servieren in Stücke schneiden.

Zutaten für 1 tiefes Backblech
(etwa 20–24 Stücke)

Für den Mürbeteig:

300 g Mehl · 100 g Zucker · 1 Prise Salz

1 Päckchen Vanillezucker · 1 Ei · 200 g Butter

Für den Belag:

6 Eier · 1 Glas Sauerkirschen · 250 g Zucker

500 g Frischkäse (Doppelrahmstufe)

1 ¼ kg Quark

2 Päckchen Grieß- oder Vanillepuddingpulver

200 g Himbeeren · 200 g Rote Johannisbeeren

Für die Garnitur:

Zitronenmelisseblättchen

Puderzucker zum Bestäuben

Zubereitungszeit: 45 Minuten
Ruhezeit: 30 Minuten
Backzeit: 40–50 Minuten

Sollten Sie mal keine Zeit zum Backen finden, können Sie diesen Kuchen für solche Gelegenheiten auf Vorrat backen und einfrieren.

Kleckselkuchen
unter Mohn-Apfel-Decke

1 Den Backofen auf 180 °C Ober- und Unterhitze vorheizen. Ein Backblech gut einfetten.

2 Für den Teig die Hefe in der Milch glatt rühren und in einer Rührschüssel mit dem Mehl, der weichen Butter, Zucker und Salz mit den Knethaken des Rührgeräts zu einem Teig verkneten. An einem warmen Ort etwa 45 Minuten zugedeckt gehen lassen, bis er etwa das doppelte Volumen erreicht hat.

3 Für die Mohnmasse Milch und Butter aufkochen. Grieß unter Rühren einrieseln lassen, aufkochen und bei schwacher Hitze etwa 5 Minuten quellen lassen. Mohn, Zucker und Rum unterrühren.

4 Für den Belag Eigelbe mit der Hälfte der Butter, Zucker und Vanillezucker cremig rühren. Anschließend Milch, Quark, Stärke, abgeriebene Zitronenschale, die Hälfte vom Zitronensaft und die Rosinen untermischen.

5 Den Teig auf bemehlter Arbeitsfläche nochmals gut zu einem glatten Teig zusammenkneten, bei Bedarf noch etwas Mehl zugeben, dann auf dem gefetteten Backblech ausrollen und wieder etwas gehen lassen.

6 Zwischenzeitlich die Äpfel schälen, vierteln und die Kerngehäuse entfernen. Die Äpfel in Spalten schneiden und sofort mit dem restlichen Zitronensaft mischen. Zuerst die Quark-, dann die Mohnmasse auf dem Teig verstreichen, anschließend die Apfelspalten darauf verteilen und etwas andrücken.

7 Im vorgeheizten Backofen auf der mittleren Schiene etwa 45 Minuten backen, dann herausnehmen.

8 Die restliche Butter schmelzen lassen und den fertigen, noch warmen Kuchen damit einstreichen. Vor dem Servieren mit Puderzucker bestäuben.

Für 1 Backblech (etwa 20 Stücke)

Für den Teig:

1 Würfel Hefe · 125 ml warme Milch · 400 g Mehl

150 g weiche Butter · 100 g Zucker · 1 Prise Salz

Für die Mohnmasse:

250 ml Milch · 30 g Butter · 50 g Grieß

250 g gemahlener Mohn · 150 g Zucker · 2 cl Rum

Für den Belag:

3 Eigelb · 100 g Butter · 100 g Zucker

2 Päckchen Vanillezucker · 4 EL Milch

500 g Quark · 1 EL Stärke

Schale und Saft von 1 unbehandelten Zitrone

30 g Rosinen

4 Äpfel (z. B. Boskop) · Puderzucker zum Bestäuben

Zubereitungszeit: 45 Minuten
Ruhezeit: 1 Stunde
Backzeit: 45 Minuten

Heidelbeer-Quark-Kuchen
mit Streuseln

Zutaten für 1 Backblech
(etwa 20 Stücke)

Für den Teig:

400 g Mehl

25 g frische Hefe

80 g Zucker

200 ml lauwarme Milch

100 g gemahlene Mandeln

1 TL Schale von einer
unbehandelten Zitrone

1 Prise Salz

80 g weiche Butter

1 Ei

Für den Belag:

800 g Heidelbeeren

300 g Quark

200 g Crème fraîche (30 % Fett)

2 Eier

1 EL Stärke

100 g Zucker

50 g grob gehackte Mandeln,

30 g grob gehacktes Zitronat

1 Msp. Zimt

Für die Streusel:

300 g Mehl

200 g Zucker

200 g kalte Butter

Zubereitungszeit: 45 Minuten
Ruhezeit: 50 Minuten
Backzeit: 30 – 40 Minuten

1 Den Backofen auf 180 °C Umluft vorheizen. Ein Backblech mit Backpapier auslegen.

2 Für den Teig das Mehl in eine Schüssel geben und in die Mitte eine Mulde drücken. Die Hefe hineinbröckeln und mit 1 Teelöffel Zucker, etwas lauwarmer Milch und Mehl verrühren. Diesen Vorteig etwa 20 Minuten zugedeckt gehen lassen. Dann restlichen Zucker, Mandeln, Zitronenschale, Salz, Butter und Ei von der Mitte aus mit dem Mehl verkneten. Übrige Milch nach und nach zugeben. Gut verkneten und wieder 30 Minuten gehen lassen.

3 Für den Belag die Heidelbeeren verlesen, waschen und abtropfen lassen.

4 Den Teig auf leicht bemehlter Arbeitsfläche ausrollen und auf das Backblech legen, dabei einen etwa 3 cm hohen Rand formen. Den Boden mit einer Gabel mehrmals einstechen.

5 Für den Belag den Quark, Crème fraîche, Eier, Stärke, Zucker, Mandeln, Zitronat und Zimt gut vermengen und auf den Teig streichen. Die Heidelbeeren darauf verteilen.

6 Für die Streusel das Mehl mit dem Zucker und der Butter mit den Händen zu Streuseln zerreiben und auf dem Kuchen verteilen. Auf der mittleren Schiene 30 – 40 Minuten goldbraun backen. Stäbchenprobe durchführen (siehe Seite 10).

7 Vor dem Servieren in gleich große Stücke schneiden.

Donauwelle
lecker zu jeder Jahreszeit

1 Den Backofen auf 160 °C Umluft vorheizen. Das Backblech mit Backpapier belegen. Die Kirschen in einem Sieb abtropfen lassen.

2 Für den Teig Butter, Zucker und Vanillezucker schaumig schlagen. Die Eier einzeln unterrühren. Mehl mit Backpulver mischen und unterrühren. Die Hälfte des Teiges auf das Backblech streichen. Die andere Hälfte mit Milch und Kakaopulver verrühren. Gleichmäßig auf dem hellen Teig verstreichen. (Um eine regelmäßige wellenförmige Musterung des Kuchens zu erreichen, können Sie den Teig auch mithilfe von Spritzbeuteln abwechselnd in Strängen und zwei Lagen aufspritzen; die obere Lage dabei farblich versetzt aufspritzen.)

3 Die Kirschen gleichmäßig darauf verteilen. Im vorgeheizten Backofen etwa 40 Minuten backen. Stäbchenprobe durchführen (siehe Seite 10). Herausnehmen und abkühlen lassen.

4 Für die Creme inzwischen das Puddingpulver mit 100 ml Milch und dem Zucker verrühren. Die übrige Milch erhitzen, das Puddingpulver einrühren, nach Packungsangabe aufkochen und anschließend abkühlen lassen. Puderzucker, Eierlikör und Bittermandelöl unterrühren.

5 Den abgekühlten Kuchen mit der Puddingcreme bestreichen und 1 Stunde kühl stellen.

6 Für den Guss das Kokosfett und die Schokolade in kleine Stücke brechen, über einem Wasserbad unter Rühren zusammen schmelzen lassen. Leicht abkühlen lassen und den Kuchen damit gleichmäßig überziehen. Creme und Schokoladenguss sollten sich möglichst nicht vermischen.

7 Mit einer Gabel wellenförmige Linien in den Schokoladenguss ziehen und fest werden lassen. Den Kuchen mit Kakaopulver und Puderzucker bestäuben.

Zutaten für 1 Backblech (etwa 16 Stücke)

Für den Rührteig:

2 Gläser Sauerkirschen (je 700 g)

250 g Butter · 200 g Zucker

1 Päckchen Vanillezucker · 6 Eier · 350 g Mehl

1 TL Backpulver · 3 EL Milch · 2 EL Kakaopulver

Für die Puddingcreme:

1 Päckchen Vanillepuddingpulver · 500 ml Milch

2 EL Zucker · 50 g Puderzucker

2 EL Eierlikör (ersatzweise Sahne)

2 Tropfen Bittermandelöl

Für den Guss:

75 g Kokosfett · 200 g Vollmilchschokolade

Kakaopulver und Puderzucker zum Bestäuben

Zubereitungszeit: 45 Minuten
Backzeit: 40 Minuten
Ruhezeit: 1 Stunde

Bienenstich
traditionell mit Vanillecreme

1 Für den Teig das Mehl in eine Schüssel sieben, in die Mitte eine Mulde drücken. Die Hefe hineinbröckeln und mit 1 Teelöffel Zucker, etwas lauwarmer Milch und Mehl verrühren. Diesen Vorteig in der zugedeckten Schüssel an einem warmen Ort etwa 15 Minuten gehen lassen, bis er etwa das doppelte Volumen erreicht hat.

2 An den Schüsselrand das Salz, die abgeriebene Zitronenschale, die Eier, den Vanillezucker und die Butter verteilen. Alles gut mit den Knethaken des Handrührgeräts verkneten. Dabei so viel Milch einarbeiten, dass der Teig weich, aber nicht klebrig wird. Den Teig zugedeckt an einem warmen Ort etwa 30 Minuten zu doppelter Größe aufgehen lassen.

3 In der Zwischenzeit den Backofen auf 200 °C Ober- und Unterhitze vorheizen. Backblech mit Backpapier auslegen.

4 Danach den Teig auf dem Blech etwa 1,5 cm dick ausrollen, nochmals zugedeckt etwa 15 Minuten gehen lassen.

5 Inzwischen für den Belag die Milch mit der Butter aufkochen. Mandeln und Zucker zugeben, alles bei niedriger Hitze köcheln lassen, bis die Milch aufgesogen und die Masse etwas glasig, aber nicht gebräunt ist. Abkühlen lassen.

6 Den abgekühlten Belag locker auf dem Teig verteilen, nicht eindrücken und in etwa 25 Minuten goldbraun backen. Kuchen vorsichtig vom Blech nehmen und erkalten lassen.

7 Für die Füllung die Milch mit dem Vanillemark erhitzen. Die Eigelbe mit dem Zucker schaumig schlagen, die Stärke untermengen. Nach und nach die heiße Vanillemilch hinzufügen und alles in dem Topf unter Rühren noch einmal aufkochen. Dann unter gelegentlichem Rühren erkalten lassen.

8 Die Butter cremig rühren und den gesiebten Puderzucker unterrühren. Die Vanillecreme löffelweise unterschlagen.

9 Den kalten Kuchen längs in breite Streifen schneiden und quer durchschneiden. Mit der Buttercreme füllen, wieder zusammensetzen und mit einem scharfen Messer in Portionsstücke schneiden.

Zutaten für 1 Backblech (etwa 15 Stücke)

Für den Teig:

500 g Mehl · 20 g frische Hefe · 80 g Zucker

200 ml lauwarme Milch · 1 Prise Salz

Schale von ½ unbehandelten Zitrone · 2 Eier

2 TL Vanillezucker · 80 g sehr weiche Butter

Für den Belag:

5–6 EL Milch · 100 g Butter

200 g gehobelte Mandeln · 200 g Zucker

Für die Füllung:

500 ml Milch · Mark von ½ Vanilleschote

3 Eigelb · 50 g Zucker · 50 g Stärke

100 g weiche Butter · 100 g Puderzucker

Zubereitungszeit: 30 Minuten
Backzeit: 25 Minuten
Ruhezeit: 1 Stunde

Zitronenschnitten
frisch und cremig

Zutaten für 1 Backblech
(etwa 15 Stücke)

Für den Teig:

225 g Mehl

60 g Zucker

1 Prise Salz

¼ Vanilleschote

120 g weiche Butter

1 Ei

1 EL kaltes Wasser

Für den Belag:

6 Eier

350 g Zucker

115 g Butter

Schale und Saft von
4 unbehandelten Zitronen

Puderzucker zum Bestäuben

Zubereitungszeit: 30 Minuten
Backzeit: 25 – 30 Minuten
Kühlzeit: 30 Minuten

1 Den Backofen auf 180 °C Umluft vorheizen. Ein Backblech mit Backpapier auslegen.

2 Für den Teig auf der Arbeitsfläche Mehl mit Zucker, Salz und ausgekratztem Mark der Vanilleschote mischen und zu einem Haufen formen.

3 Die Butter in Stücke schneiden und mit einem Messer unterhacken. Das Ei und das Wasser zugeben, alles zu einem Teig verarbeiten und 20 – 30 Minuten kühl stellen.

4 Dann den Teig ausrollen und das Blech damit auslegen. Den Boden mit einer Gabel mehrmals einstechen und etwa 10 Minuten vorbacken.

5 Für den Belag die Eier verquirlen. Zucker und Butter mit den Eiern unter Rühren in einem Topf bei niedriger Hitze erwärmen, bis sich der Zucker aufgelöst hat. Die Zitronenschale und den -saft hinzufügen. Die Masse unter Rühren weiterköcheln, bis sie fest zu werden beginnt.

6 Dann die Creme auf den vorgebackenen Boden gießen und 15 – 20 Minuten fertig backen, bis die Creme ganz leicht zu bräunen beginnt.

7 Den Kuchen lauwarm servieren oder abkühlen lassen, in den Kühlschrank stellen und mit etwas Puderzucker bestäubt servieren.

Rhabarberschnitten
mit Walnusskrümeln

1 Den Backofen auf 180 °C Umluft vorheizen. Ein Backblech mit Butter einfetten und mit Mehl bestäuben.

2 Die Walnüsse mit dem Zucker, der weichen Butter und dem Zimt in einer Schüssel mit den Händen krümelig zu Streuseln verarbeiten.

3 Die restliche Butter mit braunem Zucker und den Eiern schaumig rühren. Das gesiebtes Mehl mit dem Backpulver nach und nach abwechselnd mit dem Joghurt und der sauren Sahne unterrühren. Das Salz zugeben und zu einem geschmeidigen Teig verrühren. Den Rhabarber untermengen.

4 Den Teig auf das Blech geben und glatt streichen. Die Walnussstreusel darauf verteilen und im vorgeheizten Backofen etwa 45–50 Minuten backen. Stäbchenprobe durchführen (siehe Seite 10). Auf dem Blech auskühlen lassen. Vor dem Servieren in Stücke schneiden.

Zutaten für 1 Backblech (etwa 20 Stücke)

125 ml gehackte Walnusskerne · 100 g Zucker

2 EL weiche Butter · 1 TL gemahlener Zimt

125 g Butter · 300 g brauner Zucker

2 Eier · 500 g Mehl · 2 TL Backpulver

125 g Joghurt · 125 g Sauerrahm · 1 Prise Salz

275 g Rhabarber, geputzt, gewaschen und in Stücke geschnitten

Zubereitungszeit: 30 Minuten
Backzeit: 45–50 Minuten

Zuckerhefekuchen
schnell für zwischendurch

1 Für den Teig das Mehl in eine Schüssel sieben, in die Mitte eine Mulde drücken. Die Hefe hineinbröckeln und mit 1 Teelöffel Zucker, etwas lauwarmer Milch und Mehl verrühren. Diesen Vorteig in der zugedeckten Schüssel an einem warmen Ort etwa 15 Minuten gehen lassen, bis er etwa das doppelte Volumen erreicht hat.

2 An den Schüsselrand das Salz, die Zitronenschale, die Eier, die Butter und die Mandeln verteilen. Alles gut mit den Knethaken des Handrührgeräts verkneten. Dabei so viel Milch einarbeiten, dass der Teig weich, aber nicht klebrig wird. Den Teig zugedeckt an einem warmen Ort etwa 30 Minuten bis zu doppelter Größe aufgehen lassen.

3 In der Zwischenzeit den Backofen auf 200 °C Ober- und Unterhitze vorheizen. Backblech mit Backpapier auslegen.

4 Danach den Teig auf dem Blech etwa 1 cm dick ausrollen bzw. mit der Hand ausziehen, nochmals zugedeckt warm stellen und etwa 15 Minuten gehen lassen.

5 Die Butter zum Bestreichen zerlassen und den Teig damit bepinseln. Im Abstand von je 5 cm den Teig mit einem Finger leicht eindrücken. In jede dieser Vertiefungen eine Butterflocken setzen und alles mit dem Zucker bestreuen.

6 Den Kuchen sofort im Backofen etwa 20 Minuten goldbraun backen, sonst wird er schnell trocken.

Zutaten für 1 Backblech (etwa 15 Stücke)

Für den Teig:

375 g Mehl · 20 g frische Hefe · 80 g Zucker

200 ml lauwarme Milch · ½ TL Salz

abgeriebene Schale von ½ unbehandelten Zitrone

2 Eier · 80 g sehr weiche Butter

50 g gehobelte Mandeln

Zum Bestreichen:

50 g Butter

Zum Bestreuen:

100 g Butterflocken · 125 g Zucker

Zubereitungszeit: 20 Minuten
Backzeit: 20 Minuten
Ruhezeit: 1 Stunde

Kirsch-Schmand-Kuchen
sommerlich fruchtig

1 Für den Teig die Hefe in der lauwarmen Milch glatt rühren. Mehl mit Zucker und Butter in eine Schüssel geben. Die Hefemilch zugießen und alles mit den Knethaken des Handrührgeräts zu einem glatten Teig verkneten. Zugedeckt an einem warmen Ort etwa 1 Stunde gehen lassen.

2 Den Backofen auf 200 °C Umluft vorheizen.

3 In der Zwischenzeit die Kirschen waschen und entsteinen.

4 Für den Belag Schmand, Quark, Zucker, Vanillezucker, Eier sowie Zitronensaft und -abrieb in eine Schüssel geben und miteinander verrühren.

5 Für die Ei-Butter-Schicht die Eier mit dem Zucker weißschaumig schlagen. Butter schmelzen lassen, etwas abkühlen und ebenfalls unterrühren. Dann das Mehl unterziehen.

6 Den Hefeteig auf einer bemehlten Arbeitsfläche in Blechgröße ausrollen. Das Backblech mit Butter fetten, den Hefeteig daraufgeben, Rand formen und mit dem Schmandbelag bestreichen. Die Kirschen darauf verteilen und mit der Ei-Butter-Masse bestreichen. Zuletzt mit den Mandeln bestreuen und im Backofen etwa 45 Minuten backen.

7 Auskühlen lassen und zum Servieren in Stücke schneiden.

Zutaten für 1 Backblech
(etwa 15 – 20 Stücke)

Für den Hefeteig:

1 Würfel Hefe · 125 ml lauwarme Milch

500 g Mehl · 40 g Zucker · 75 g Butter

Für den Belag:

800 g Kirschen

500 g Schmand · 250 g Magerquark

80 g Zucker · 2 Päckchen Vanillezucker · 3 Eier

3 EL Zitronensaft

1 TL Schale von einer unbehandelten Zitrone

Für die Ei-Butter-Schicht:

4 Eier · 150 g Zucker · 175 g Butter

3 EL Mehl · 4 EL Mandelstifte

Zubereitungszeit: 45 Minuten
Ruhezeit: 1 Stunde
Backzeit: 45 Minuten

Zwetschgenkuchen
mit Quarkcreme

1 Für den Teig die Hefe mit 2 Esslöffeln lauwarmem Wasser glatt rühren. Mehl, Zucker, Salz, restliches lauwarmes Wasser und flüssige Butter in eine Schüssel geben, die aufgelöste Hefe zugeben und alles mit den Knethaken des Handrührgeräts zum einem glatten Teig verkneten. Bei Bedarf noch etwas Mehl oder Wasser zugeben. Zugedeckt an einem warmen Ort 45–60 Minuten gehen lassen, bis der Teig etwa das doppelte Volumen erreicht hat.

2 Inzwischen die Zwetschgen waschen und entkernen. Die Löffelbiskuits in einen Gefrierbeutel geben und mit dem Nudelholz fein zerkrümeln.

3 Für die Quarkcreme den Quark in einer Schüssel mit Zucker, Salz, Stärke, Crème fraîche, Zitronenschale und Eiern gut verrühren.

4 Den Backofen auf 180 °C Ober- und Unterhitze vorheizen. Das Blech gut mit Butter fetten.

5 Den Teig auf einer leicht bemehlten Arbeitsfläche nochmals durchkneten und auf dem Blech ausrollen. Mit einer Gabel mehrmals einstechen und die Löffelbiskuitkrümel daraufstreuen. Den Teig wieder 15 Minuten gehen lassen.

6 Dann die Zwetschgen auf dem Teig verteilen. Die Quarkmasse gleichmäßig daraufstreichen. Im vorgeheizten Backofen bei 180 °C etwa 50–60 Minuten backen. Stäbchenprobe durchführen (siehe Seite 10). Den Kuchen herausnehmen.

7 Zucker und Zimt mischen, den noch warmen Kuchen damit bestreuen und in Stücke schneiden. Lauwarm oder kalt servieren.

Zutaten für 1 Backblech (etwa 20 Stücke)

Für den Teig:

1 Würfel Hefe · 100 ml warmes Wasser

400 g Mehl · 60 g Zucker · 1 Prise Salz

75 g flüssige Butter

Für den Belag:

1 ½–2 kg Zwetschgen · 10 Löffelbiskuits

750 g Quark · 125 g Zucker · 1 Prise Salz

60 g Stärke · 250 g Crème fraîche

1 TL abgeriebene Schale
von einer unbehandelten Zitrone · 5 Eier

Für die Dekoration:

100 g Zucker · 2 TL Zimt

Zubereitungszeit: 45 Minuten
Ruhezeit: 60–75 Minuten
Backzeit: 50–60 Minuten

Mohnschnitten
mit versunkenen Aprikosen

Zutaten für 1 Backblech
(28 x 40 cm)

Für den Teig:

200 g Mehl

50 g fein gemahlene Mandeln

20 g frische Hefe

4 EL lauwarme Milch

50 g Zucker · 1 Ei

1 Prise Salz · 100 g Butter

2 – 3 EL Sahne

Für den Belag:

100 g Rosinen

3 EL brauner Rum

500 ml Milch

40 g Butter · 40 g Grieß

250 g fein gemahlener Mohn

100 – 150 g Zucker nach
Belieben

1 Päckchen Vanillezucker

etwa 1 ½ kg frische Aprikosen

100 ml Weißwein · 80 g Zucker

2 Eier · 1 EL Stärke

1 EL abgeriebene Schale von einer
unbehandelten Orange

1 Eiweiß · 1 Prise Salz

3 EL Aprikosenkonfitüre

Zubereitungszeit: 1 Stunde
Ruhezeit: 55 Minuten
Backzeit: 40 – 45 Minuten

1 Für den Teig das Mehl auf die Arbeitsfläche sieben, Mandeln hinzugeben. In die Mitte eine Mulde drücken. Die Hefe hineinbröckeln und mit der lauwarmen Milch, Zucker, Ei und Salz verrühren. Die Butter in Stücken sowie Sahne hinzufügen und alles schnell zu einem glatten Teig verkneten. Abgedeckt bei Zimmertemperatur etwa 40 Minuten ruhen lassen.

2 Inzwischen die Rosinen gründlich mit heißem Wasser waschen, abtropfen und in Rum einweichen. Die Milch in einen Topf geben und zusammen mit der Butter aufkochen. Den Grieß unter ständigem Rühren hinzufügen, aufkochen, einige Minuten unter weiterem Rühren ausquellen lassen und beiseitestellen. Mohn, Zucker nach Belieben und Vanillezucker gut unterrühren und die Masse etwas abkühlen lassen.

3 In der Zwischenzeit die Aprikosen waschen, entkernen und in dem Weißwein, wenig Wasser und dem Zucker dünsten. Dabei darf die Flüssigkeit nicht kochen. Anschließend durch ein Sieb abgießen und gut abtropfen lassen.

4 Die Eier trennen. Die Eigelbe mit der Stärke verrühren und mit der Orangenschale und den abgetropften Rosinen unter die Mohnmasse rühren. Die 3 Eiweiß mit einer Prise Salz sehr steif schlagen und unterheben.

5 Den Backofen auf 180 °C Unter- und Oberhitze vorheizen.

6 Das Backblech mit Backpapier belegen. Den Teig ausrollen, das Blech damit belegen und nochmals 15 Minuten gehen lassen. Die Mohn-Rosinen-Masse auf den Teig streichen. Darauf die Aprikosenhälften in gleichmäßigen Abständen mit der Wölbung nach oben legen. Den Kuchen im vorgeheizten Backofen 40 – 45 Minuten backen.

7 Die Aprikosenkonfitüre erwärmen, den fertigen Kuchen aus dem Backofen nehmen und die Aprikosen damit glasieren. Auskühlen lassen und zum Servieren in Stücke schneiden.

Marzipanstreuselkuchen
mit Kirschen

Zutaten für 1 Backblech
(30 x 40 cm bzw. für 15 Stücke)

Für den Belag:

750 – 1000 g Kirschen

Für den Teig:

110 g Butter

110 g Zucker

40 g Marzipanrohmasse

3 Eier

2 TL Vanillezucker

1 Prise Salz

abgeriebene Schale von
½ unbehandelten Zitrone

300 g Mehl

2 TL Backpulver

75 g gehackte oder
gestiftelte Mandeln

2 – 4 EL Milch

Für die Streusel:

150 g Butter

80 g Zucker

2 TL Vanillezucker

abgeriebene Schale von
½ unbehandelten Zitrone

1 Prise Zimt

300 g Mehl

Puderzucker zum Bestäuben

Zubereitungszeit: 30 Minuten
Backzeit: 30 – 40 Minuten

1 Den Backofen auf 170 °C Umluft vorheizen. Ein Backblech mit Backpapier auslegen.

2 Für den Belag Kirschen waschen, gut abtropfen lassen und entkernen.

3 Für den Teig die Butter cremig rühren, bis sie Spitzen zieht. Dann abwechselnd Zucker, Marzipanstückchen und Eier unterrühren. Die Masse sollte locker und schaumig sein. Dann Vanillezucker, Salz und Zitronenabrieb zugeben. Das Mehl mit Backpulver und Mandeln mischen und abwechselnd mit der Milch unterrühren. Nur so viel Milch zugeben, dass der Teig weich, aber nicht dickflüssig wird.

4 Für die Streusel die Butter in einem Topf zerlassen. Dann mit einem Kochlöffel Zucker, Vanillezucker, Zitronenschale und Zimt gut unterrühren. Als Letztes das Mehl hinzufügen und die Masse zu krümeligen Streuseln verarbeiten.

5 Den Teig auf dem Blech ausrollen, die Kirschen darauf verteilen und die Streusel darüberbröseln und in 30–40 Minuten goldbraun backen. Nach der Hälfte der Backzeit den Kuchen mit Alufolie abdecken, damit er nicht zu braun wird. Vor dem Servieren mit Puderzucker bestäuben.

Vollkorn-Nuss-Kuchen
mit Nuss-Sesam-Streuseln

Zutaten für 1 Backblech
(etwa 15 Stücke)

Für den Teig:

375 g Vollkornmehl
(z. B. Dinkel oder Weizen)

20 g frische Hefe

80 g brauner Zucker

250 ml lauwarme Milch

½ TL Salz

abgeriebene Schale
von ½ unbehandelten Zitrone

2 Eier

80 g sehr weiche Butter

50 g gemahlene Haselnusskerne

Für die Streusel:

200 g Butter

200 g brauner Zucker

¼ Vanilleschote

1 Prise Zimt

200 g Weizenvollkornmehl

2 EL Sesamsamen

2 EL Leinsamen

75 g gemahlene Haselnusskerne

50 g Butter zum Bestreichen

Zubereitungszeit: 25 Minuten
Backzeit: 20 Minuten
Ruhezeit: 1 Stunde

1 Für den Teig das Vollkornmehl in eine Schüssel sieben, in die Mitte eine Mulde drücken. Die Hefe hineinbröckeln und mit 1 Teelöffel Zucker, etwas lauwarmer Milch und Mehl verrühren. Diesen Vorteig in der zugedeckten Schüssel an einem warmen Ort etwa 15 Minuten gehen lassen, bis er etwa das doppelte Volumen erreicht hat.

2 Um den Schüsselrand das Salz, die Zitronenschale, die Eier, die Butter und die Haselnüsse verteilen. Alles gut mit den Knethaken des Handrührgeräts verkneten. Dabei so viel Milch einarbeiten, dass der Teig weich, aber nicht klebrig wird. Den Teig zugedeckt an einem warmen Ort etwa 30 Minuten zu doppelter Größe aufgehen lassen.

3 Den Backofen auf 200 °C Ober- und Unterhitze vorheizen. Ein Backblech mit Backpapier auslegen.

4 Danach den Teig auf dem Blech etwa 1 cm dick ausrollen bzw. mit der Hand ausziehen, nochmals zugedeckt etwa 15 Minuten gehen lassen.

5 Für die Streusel die Butter in einem Topf zerlassen, mit dem Zucker, dem ausgekratzten Mark der Vanilleschote und dem Zimt verrühren. Das Weizenvollkornmehl mit Sesam, Leinsamen und Nüssen vermischen, zugeben und mit einem Kochlöffel alles zu krümeligen Streuseln verarbeiten.

6 Die Butter zum Bestreichen zerlassen und den Teig damit bepinseln. Die Streusel auf dem Teig verteilen und den Kuchen sofort im Backofen in etwa 20 Minuten goldbraun backen, sonst wird er schnell trocken.

Birnen-Quark-Kuchen
unter Streuseln

Zutaten für 1 Backblech
(etwa 20 Stücke)

Für den Teig:

1 Würfel Hefe

etwa 200 ml lauwarme Milch

500 g Mehl

70 g Zucker

1 Ei

1 Eigelb

1 Msp. Salz

10 ml Rum

70 g weiche Butter

Für den Belag:

2 kg Birnen

500 g Magerquark

3 Eier

50 g Zucker

1 – 2 EL Grieß

Für die Streusel:

150 g sehr weiche Butter

150 g Weizenmehl

75 g gemahlene Mandeln

100 g Zucker

1 Päckchen Vanillezucker

1 Prise Salz

Puderzucker zum Bestäuben

Zubereitungszeit: 30 Minuten
Ruhezeit: 1 Stunde 20 Minuten
Backzeit: 40 – 50 Minuten

1 Für den Teig die Hefe in der Milch auflösen. Das Mehl in eine Schüssel sieben, Zucker, Ei, Eigelb, Salz, Rum, die weiche Butter in Stückchen und die aufgelöste Hefe zugeben. Alles mit den Knethaken des Handrührgeräts zu einem glatten Teig verkneten. Bei Bedarf noch etwas Mehl oder Wasser zugeben. Den fertigen Teig zu einer Kugel formen, mit Mehl bestäuben und an einem warmen Ort etwa 1 Stunde gehen lassen, bis er etwa das doppelte Volumen erreicht hat.

2 Für den Belag in der Zwischenzeit die Birnen schälen, vierteln, entkernen und in dünne Spalten schneiden. Den Quark mit den Eiern, dem Zucker und dem Grieß glatt rühren.

3 Für die Streusel die weiche Butter, Mehl, Mandeln, Zucker, Vanillezucker und Salz in einer Schüssel vermischen. Die Masse mit 2 Gabeln durchziehen oder zwischen den Fingern zerreiben, bis Streusel entstehen. Streusel zugedeckt kalt stellen. Den Backofen auf 200 °C Ober- und Unterhitze vorheizen.

4 Den Teig nochmals durchkneten und gleichmäßig auf Blechgröße ausrollen, auf das mit Backpapier ausgelegte Backblech legen und wieder 15 – 20 Minuten gehen lassen.

5 Den Boden mit der Quarkmasse bestreichen. Die Birnenspalten darauf verteilen, die Streusel darüberstreuen und etwa 40 – 50 Minuten auf der untersten Schiene backen. Mit Puderzucker bestäuben und nach Belieben lauwarm oder kalt servieren.

Walnusskuchen
mit Schokoladennote

Zutaten für 1 Backblech (etwa 16 Stücke)

225 g Butter · 250 g Zucker

1 EL fein abgeriebene Schale
von einer unbehandelten Orange

8 Eier · 225 g Mehl

1 Päckchen Backpulver

150 g Puderzucker · 200 g dunkle Kuvertüre

250 g gehackte Walnusskerne

Zubereitungszeit: 40 Minuten
Backzeit: 30 Minuten

1 Den Backofen auf 200 °C Ober- und Unterhitze vorheizen. Ein Backblech mit Backpapier auslegen.

2 Die Butter mit dem Zucker und der Orangenschale schaumig rühren. Die Eier trennen. Die Eigelbe nach und nach in die Buttermasse rühren.

3 Das Mehl mit dem Backpulver mischen und unter den Teig rühren. Auf ein mit Backpapier ausgelegtes Backblech geben und glatt streichen. Die Eiweiße steif schlagen, dabei nach und nach den Puderzucker einrieseln lassen. Die Hälfte der Kuvertüre fein hacken und mit den Nüssen unter den Eischnee heben. Diese Masse auf den Rührteig streichen.

4 Die Temperatur im Backofen auf 180 °C reduzieren und den Kuchen auf der mittleren Schiene etwa 30 Minuten backen. Stäbchenprobe durchführen (siehe Seite 10). Den Kuchen herausnehmen und auskühlen lassen.

5 Die restliche Kuvertüre im Wasserbad schmelzen, noch flüssig in eine kleine Spritztüte füllen und den Kuchen mit dünnen Schokolinien verzieren. Vor dem Servieren die Schokolade trocknen lassen.

Käsekuchen vom Blech
mit Rosinen

1 Den Backofen auf 180 °C Ober- und Unterhitze vorheizen. Ein Backblech mit Backpapier auslegen.

2 Die Eier mit dem Zucker in eine Rührschüssel geben und schaumig rühren. Quark hinzufügen und Vanillezucker, Puddingpulver und Backpulver nacheinander unterziehen. Den Grieß einrieseln lassen, dann Rosinen und Orangeat gründlich unter die Quarkmasse heben.

3 Die Masse gleichmäßig auf das Backblech streichen und in 60 – 70 Minuten goldbraun backen. Sollte der Kuchen zu dunkel werden, rechtzeitig mit Alufolie abdecken.

4 Den Kuchen herausnehmen, auskühlen lassen, vom Blech nehmen und mit Puderzucker bestäuben. Vor dem Servieren in Stücke schneiden.

Zutaten für 1 Backblech (30 x 40 cm)

6 Eier · 150 g Zucker

2 kg Quark · 4 TL Vanillezucker

2 Päckchen Vanillepuddingpulver

2 TL Backpulver · 75 g Grieß

100 g Rosinen · 50 g Orangeat

Puderzucker zum Bestäuben

Zubereitungszeit: 20 Minuten
Backzeit: 60 – 70 Minuten

Zwetschgendatschi
süddeutscher Klassiker

Zutaten für 1 Backblech
(30 x 40 cm)

20 g frische Hefe

110 g Zucker

200 ml lauwarme Milch

400 g Mehl

1 Prise Salz

1 Ei

75 g zerlassene Butter

50 g Biskuit- oder Semmelbrösel

2 kg Zwetschgen

Schlagsahne zum Servieren

Zubereitungszeit: 45 Minuten
Ruhezeit: 1 Stunde
Backzeit: 45 Minuten

1 Die Hefe und 1 Esslöffel Zucker in der lauwarmen Milch auflösen und 15 Minuten zugedeckt stehen lassen. Die Hälfte des Mehls, das Salz, das Ei und 75 Gramm Zucker mit der Hefemilch und der zerlassenen Butter mischen. Das restliche Mehl nach und nach unterkneten. Den Hefeteig zugedeckt an einem warmen Ort 45 Minuten gehen lassen, bis er etwa das doppelte Volumen erreicht hat.

2 Den Backofen auf 200 °C Umluft vorheizen.

3 Den Teig nochmals kräftig durchkneten. Das Backblech mit Butter bestreichen und den Teig darauf ausrollen, dabei einen kleinen Rand formen. Mit den Bröseln bestreuen.

4 Die Zwetschgen waschen, entkernen und halbieren. Am oberen Ende einen Schlitz einschneiden und die Hälften dachziegelartig auf dem Teig verteilen. Mit dem restlichen Zucker bestreuen. Den Kuchen in den vorgeheizten Backofen auf der mittleren Schiene etwa 45 Minuten backen. Stäbchenprobe durchführen (siehe Seite 10).

5 Den fertigen Kuchen noch lauwarm oder kalt in Stücke schneiden. Die Sahne steif schlagen, nach Belieben süßen und jedes Kuchenstück mit einem Klecks Sahne garniert servieren.

Trendkuchen

Stachelbeerkuchen
unter Baisergitter

Zutaten für 1 Backblech
(etwa 20 Stücke)

Für den Teig:

350 g Mehl

3 Eigelb

100 g Zucker

1 Prise Salz

220 g Butter

Für den Belag:

750 – 1000 g Stachelbeeren

400 g Frischkäse

160 g Zucker

2 Päckchen Vanillezucker

6 Eier

1 EL abgeriebene Schale
von einer unbehandelten Zitrone

300 g Crème fraîche

1 Päckchen Vanillepuddingpulver

Für das Baisergitter:

3 Eiweiß

120 g Puderzucker

abgeriebene Schale von
1 unbehandelten Limette

Zubereitungszeit: 30 Minuten
Ruhezeit: 30 Minuten
Backzeit: 45 – 50 Minuten

1 Den Backofen auf 180 °C Ober- und Unterhitze vorheizen. Ein Backblech mit Backpapier auslegen.

2 Für den Mürbeteig das Mehl auf die Arbeitsfläche häufen, in die Mitte eine Mulde drücken. Die Eigelbe, den Zucker und das Salz hineingeben. Die Butter in kleine Flöckchen schneiden und auf dem Rand verteilen. Alles mit einem Messer durchhacken, dann mit den Händen zu einem glatten Teig verkneten. Zu einer Kugel formen, in Frischhaltefolie wickeln und im Kühlschrank 30 Minuten ruhen lassen.

3 Den Mürbeteig auf einer bemehlten Fläche ausrollen, das Blech damit auslegen (keinen Rand formen) und mit einer Gabel den Boden mehrmals einstechen.

4 Für den Belag die Stachelbeeren putzen, waschen und abtropfen lassen. Den Frischkäse, den Zucker, den Vanillezucker, die Eier, die Zitronenschale, die Crème fraîche und das Puddingpulver cremig verrühren und auf den Boden streichen. Die Stachelbeeren gleichmäßig auf der Vanillecreme verteilen, leicht in den Teig drücken. Im Backofen auf der mittleren Schiene 35 Minuten backen.

5 Inzwischen für die Baisermasse die Eiweiße sehr steif schlagen und dabei den Puderzucker einrieseln lassen. Die Limettenschale unterheben.

6 Die Baisermasse in einen Spritzbeutel mit etwas größerer Lochtülle füllen. Den Kuchen aus dem Backofen nehmen und mit dem Spritzbeutel ein Gitter aufspritzen, zurück in den Backofen schieben und in 10 − 15 Minuten fertig backen. Das Baiser soll goldbraun sein. Auskühlen lassen und servieren.

Apfel-Joghurt-Kuchen
auf Müsliboden

Zutaten für 1 tiefes Backblech
(30 x 40 cm)

Für den Boden:

200 – 250 g Butter

400 – 500 g Knuspermüsli

Für den Joghurtbelag:

13 Blatt Gelatine

1 kg Naturjoghurt

2 EL Vanillezucker

abgeriebene Schale
von ½ unbehandelten Zitrone

1 – 2 EL Cidre

300 g Sahne

Für den Apfelbelag:

2 – 4 Äpfel (z. B. Granny Smith)

2 Packungen grüne Götterspeise

500 ml Wasser

500 ml Cidre oder Apfelsaft

Zubereitungszeit: 30 Minuten
Kühlzeit: 2 Stunden 45 Minuten

1 Tiefes Backblech oder große Auflaufform mit Backpapier auslegen.

2 Für den Boden die Butter zerlassen, mit dem Müsli mischen und auf dem Blech gleichmäßig verteilen und gut andrücken. Im Kühlschrank fest werden lassen.

3 Inzwischen für den Joghurtbelag die Gelatine 10 Minuten in kaltem Wasser einweichen. Den Joghurt mit Vanillezucker, Zitronenschale und Cidre cremig rühren. Die Gelatine unter Rühren auflösen, 2 – 3 Esslöffel Joghurtmasse hinzugeben, dann die Gelatine unter den restlichen Joghurt ziehen. Die Sahne steif schlagen und unterheben. Die Joghurtmasse gleichmäßig auf den Boden streichen und etwa 45 Minuten kühl stellen, bis sie fest wird.

4 Für den Apfelbelag die Äpfel schälen und in feinste Würfelchen schneiden. Die Götterspeise mit Wasser und Cidre nach Packungsanweisung zubereiten, dann die Äpfel dazugeben, gut untermischen und das Ganze auf dem Joghurtbelag gleichmäßig verteilen. Den Kuchen etwa 2 Stunden kühl stellen, bis die Götterspeise fest geworden ist.

Bananenschnitten
mit Schokoglasur

Zutaten für 1 Backblech
(etwa 16 Stücke)

Für den Teig:

200 g Mehl

50 g gemahlene Haselnusskerne

50 g gemahlene Walnusskerne

30 g Zucker

1 Ei

2 EL Kakao

160 g Butter

Für den Belag:

5 Eier

500 g Magerjoghurt

125 g Zucker

750 g Magerquark

2 Packungen Vanillepuddingpulver

Für den Überzug:

120 g Mandelblättchen

1 Päckchen klarer Tortenguss

200 ml klarer Apfelsaft

6 Bananen

1 EL Zitronensaft

75 g Halbbitterkuvertüre

200 g Sahne

Zubereitungszeit:
1 Stunde 10 Minuten
Kühlzeit: 30 Minuten
Backzeit: 40 Minuten

1 Für den Teig das Mehl mit den Hasel- und Walnüssen mischen, auf die Arbeitsfläche häufen, in die Mitte eine Mulde drücken. Den Zucker, das Ei und den Kakao hineingeben. Die Butter in kleine Flöckchen schneiden und auf dem Rand verteilen. Alles mit einem Messer durchhacken, sodass Teigkrümel entstehen. Dann mit den Händen zu einem glatten Teig verkneten, zu einer Kugel formen und in Frischhaltefolie gewickelt im Kühlschrank etwa 30 Minuten ruhen lassen.

2 Ein Backblech mit Backpapier auslegen. Den Backofen auf 200 °C Ober- und Unterhitze vorheizen.

3 Für den Belag die Eier trennen. Die Eiweiße steif schlagen. Die Eigelbe mit Joghurt, Zucker und Quark glatt rühren. Das Puddingpulver einrühren und den Eischnee unterheben.

4 Den Teig ausrollen und das Blech damit auslegen. Die Quarkcreme darauf verteilen und im vorgeheizten Backofen etwa 40 Minuten backen. Stäbchenprobe durchführen (siehe Seite 10). Aus dem Backofen nehmen und etwas auskühlen lassen.

5 Für den Überzug die Mandelblättchen in einer Pfanne ohne Fett goldbraun rösten, beiseitestellen. Den Tortenguss nach Packungsanweisung mit dem Apfelsaft zubereiten. Die Bananen der Länge nach in Scheiben schneiden und mit Zitronensaft beträufeln. Die Bananenscheiben auf dem Kuchen verteilen und dünn mit Tortenguss überziehen, den Kuchen vollständig auskühlen lassen.

6 Die Kuvertüre über dem heißen Wasserbad schmelzen lassen. In der Zwischenzeit die Sahne steif schlagen und in einen Spritzbeutel füllen. Den Kuchen mit Schokoladenlinien, Sahnetupfen und Mandelblättchen garnieren, in Stücke schneiden und servieren.

Johannisbeerkuchen
mit Mandelvariationen

Zutaten für 1 Backblech
(etwa 15 Stücke)

750−1000 g Rote Johannisbeeren

Für den Teig:

160 g weiche Butter

160 g Zucker

3−4 Eier

1 Prise Salz

abgeriebene Schale
von ½ unbehandelten Zitrone

2 TL Vanillezucker

1 Prise Zimt

350 g Mehl

2 TL Backpulver

100 g gemahlene Mandeln

4−6 EL Milch

Für den Belag:

100 g gehobelte Mandeln

3−5 EL Vanillezucker

Zubereitungszeit: 20 Minuten
Backzeit: 35−45 Minuten

1 Den Backofen auf 170 °C Umluft vorheizen. Ein Backblech mit Backpapier auslegen.

2 Für den Belag die Johannisbeeren vorab verlesen, abwaschen und abtropfen lassen.

3 Für den Teig die Butter cremig rühren. Dann abwechselnd Zucker und Eier unterrühren. Salz, Zitronenschale, Vanillezucker und Zimt einrühren. Das Mehl mit Backpulver und Mandeln mischen, nach und nach unterschlagen. So viel Milch einrühren, dass der Teig weich, aber nicht flüssig wird. Dann den Teig gleichmäßig auf das Blech streichen.

4 Die gehobelten Mandeln mit dem Vanillezucker mischen. Die Johannisbeeren auf dem Teig verteilen, dann die Mandeln darüberstreuen und den Kuchen in 35−45 Minuten goldbraun backen. Bei Bedarf nach der Hälfte der Backzeit den Kuchen mit Alufolie abdecken, wenn er zu stark bräunt.

5 Den Kuchen auf einem Kuchengitter abkühlen lassen. Vor dem Servieren in Stücke schneiden.

Apfelkuchen
mit Erdnussbaiser

1 Ein Backblech mit Backpapier auslegen. Den Backofen auf 180 °C Ober- und Unterhitze vorheizen.

2 Die Äpfel schälen, die Kerngehäuse entfernen und in 1 cm dicke Scheiben bzw. Spalten schneiden. Sofort mit Zitronensaft beträufeln.

3 Für den Teig 3 Eier trennen. Die Eigelbe und das restliche Ei mit 200 Gramm Zucker, Joghurt und Erdnussbutter schaumig schlagen. Mehl und Backpulver mischen und unter die Joghurtmasse rühren. Teig auf das Backblech streichen.

4 Die Äpfel leicht überlappend auf dem Teig verteilen. Den Kuchen im vorgeheizten Backofen etwa 30 Minuten backen.

5 Für das Baiser alle Eiweiße zu einem steifen Schnee schlagen. Den restlichen Zucker und Vanillezucker dabei einrieseln lassen. Etwa 5 – 10 Minuten weiter schlagen, bis eine weiß glänzende, schnittfeste Masse entstanden ist.

6 Für den Belag 3 Esslöffel gehackte Erdnüsse auf dem vorgebackenen Kuchen verteilen. Das Baiser locker auf den Äpfeln verstreichen. Im Backofen weitere 15 – 20 Minuten backen. Aus dem Backofen nehmen und die restlichen gehackten Erdnüsse darüberstreuen. Vor dem Servieren abkühlen lassen.

Zutaten für 1 Backblech
(etwa 20 Stücke)

2 kg Äpfel

Saft von ½ Zitrone

4 Eier · 2 Eiweiß · 350 g Zucker

300 g Joghurt

100 g cremige Erdnussbutter

400 g Mehl · 1 Päckchen Backpulver

1 Päckchen Vanillezucker

5 EL gehackte Erdnüsse

Zubereitungszeit: 1 Stunde 15 Minuten
Backzeit: 45 – 50 Minuten

Kirsch-Kokos-Kuchen
mit Quarkfüllung

1 Für den Hefeteig das Mehl in eine Rührschüssel geben, in die Mitte eine Mulde drücken und die Hefe hineinbröckeln. Mit 1 Teelöffel Zucker etwas lauwarmer Milch und Mehl vom Rand verrühren, leicht mit Mehl überstäuben. Den Vorteig in der zugedeckten Schüssel an einem warmen Ort etwa 15 Minuten gehen lassen, bis er etwa das doppelte Volumen erreicht hat.

2 Am Schüsselrand den restlichen Zucker, das Salz, die Zitronenschale, die Eier und die Butter verteilen. Alles gut mit den Knethaken des Handrührgeräts verkneten. Dabei so viel Milch einarbeiten, dass der Teig weich, aber nicht klebrig wird. Den Teig zugedeckt etwa 30 Minuten an einem warmen Ort aufgehen lassen, bis er wieder etwa das doppelte Volumen erreicht hat.

3 Inzwischen für den Belag die Kirschen verlesen, waschen und entkernen bzw. abtropfen lassen. Backofen auf 200 °C Ober- und Unterhitze vorheizen. Ein Backblech mit Backpapier auslegen.

4 Danach den Teig auf dem Blech etwa 1 cm dick ausrollen bzw. mit der Hand ausziehen, Rand formen, mit zerlassener Butter bestreichen. Die Kirschen gleichmäßig auf dem Teig verteilen. Mit einem Gemüsehobel von der einen Hälfte der Kokosnuss Chips auf die Kirschen hobeln. Dann den Teig gehen lassen.

5 In der Zwischenzeit für die Quarkmasse die weiche Butter cremig rühren. Die Eier trennen. Zucker und Eigelbe nach und nach unterrühren. In die Schaummasse Quark, Mehl, Sahne, abgeriebene Zitronenschale und nach Belieben Rum einrühren. Die Eiweiße zu Schnee schlagen und unterziehen.

6 Die Quarkmasse gleichmäßig auf die Kirschen verteilen, mit den verquirlten Eigelben bestreichen und restliche Kokosnuss darüberhobeln. Kuchen im vorgeheizten Backofen in 40–50 Minuten goldbraun backen und auf einem Kuchengitter erkalten lassen.

Zutaten für 1 Blech
(etwa 15 Stücke)

Für den Teig:

375 g Mehl · 20 g frische Hefe · 80 g Zucker

200 ml lauwarme Milch · ½ TL Salz

Schale von ½ unbehandelten Zitrone

2 Eier · 80 g sehr weiche Butter

Für den Belag:

500 g Sauerkirschen (frisch oder Glas)

2 EL zerlassene Butter · 1 Kokosnuss (etwa 200 g)

40 g weiche Butter · 3 Eier · 50–70 g Zucker

500 g Quark (20 % Fett) · 2 EL Mehl

4 EL Sahne · Schale von ½ unbehandelten Zitrone

1–2 TL Rum · 1–2 Eigelbe zum Bestreichen

Zubereitungszeit: 35 Minuten
Backzeit: 40–50 Minuten
Ruhezeit: 1 Stunde

Himbeerkuchen
mit Kokosbaiser

Zutaten für 1 kleines Backblech
(20 x 30 cm, etwa 8 Stücke)

Für den Teig:

300 g Dinkelmehl (Type 1050)

100 g Zucker

1 gestrichener TL Salz

2 Eier

100 g Kokosflocken

200 g Butter

Für den Belag:

2 Eiweiß

50 g Zucker

300 g Kokosraspel

500 g Himbeeren (TK oder frisch)

Puderzucker zum Bestreuen

Zubereitungszeit: 35 Minuten
Kühlzeit: 1 Stunde
Backzeit: 30 Minuten

1 Für den Teig das Mehl auf die Arbeitsfläche häufen, in die Mitte eine Mulde drücken. Den Zucker, Salz, Eier und Kokosflocken hineingeben. Die Butter in kleine Flöckchen schneiden und auf dem Rand verteilen. Alles mit einem Messer durchhacken, dann mit den Händen zu einem glatten Teig verkneten. Zu einer Kugel formen, in Frischhaltefolie wickeln und im Kühlschrank 1 Stunde ruhen lassen.

2 Den Backofen auf 200 °C Umluft vorheizen. Den Mürbeteig zwischen zwei Lagen Klarsichtfolie ausrollen und auf ein mit Backpapier belegtes Backblech legen.

3 Die Eiweiße steif schlagen. Den Zucker einrieseln lassen und weiterschlagen, bis die Masse steif und glänzend ist. Dann 200 Gramm Kokosraspel unterziehen.

4 Die Himbeeren auftauen und abtropfen lassen bzw. verlesen und waschen. Dann auf dem Teig verteilen und mit Puderzucker bestreuen.

5 Das Kokosbaiser auf den Himbeeren verstreichen und mit den restlichen Kokosraspeln bestreuen. Im vorgeheizten Backofen auf der mittleren Schiene 30 Minuten goldbraun backen. Auskühlen lassen und vor dem Servieren in kleine Rechtecke schneiden.

Filoteigschnitte
mit Johannisbeerfüllung

1 Den Backofen auf 200−220 °C Ober- und Unterhitze vorheizen. Ein Backblech mit Backpapier auslegen.

2 Den Filoteig aus der Packung nehmen und die einzelnen Blätter nebeneinanderlegen. Die Butter in einem kleinen Topf oder in der Mikrowelle schmelzen lassen. Teigplatten mit Butter bestreichen und zu 3 Stapeln aufeinanderlegen.

3 Die Beeren waschen, trocken schütteln, von den Rispen zupfen und verlesen. Die Konfitüre in kleinen Klecksen auf zwei der drei Teigplattenstapel verteilen. Die Hälfte der Beeren und des Zuckers auf einen Filoteigstapel mit Konfitürenklecksen streuen. Den zweiten Stapel mit Klecksen darüber legen und mit den restlichen Beeren und dem übrigen Zucker bestreuen. Mit den verbleibenden Teigplatten abdecken. Alles auf das Backblech geben und 15−20 Minuten backen.

4 Aus dem Backofen nehmen, etwas abkühlen lassen, in Stücke schneiden und mit Puderzucker bestäubt servieren.

Zutaten für 12 Stücke

1 Packung Filoteig (etwa 250 g)

50 – 70 g Butter

200 – 250 g Rote Johannisbeeren

50 – 100 g Schwarze-Johannisbeer-Konfitüre

2 – 5 EL Zucker nach Belieben

Puderzucker zum Bestäuben

Zubereitungszeit: 35 Minuten
Backzeit: 15 – 20 Minuten

Pflaumenkuchen
mit Cappuccino-Quark-Füllung

1 Für den Teig das Mehl mit den Mandeln und dem Backpulver mischen und auf die Arbeitsfläche häufen, in die Mitte eine Mulde drücken. Zucker, Salz, Eier und Sahne hineingeben. Die Butter in kleine Flöckchen schneiden und auf dem Rand verteilen. Alles mit einem Messer durchhacken, sodass Teigkrümel entstehen und dann mit den Händen zu einem glatten Teig verkneten. Zu einer Kugel formen, in Frischhaltefolie gewickelt im Kühlschrank 30 Minuten ruhen lassen.

2 Für den Belag das Cappuccinopulver in 4 Esslöffeln heißem Wasser auflösen, dann abkühlen lassen. Die Pflaumen waschen, halbieren, entkernen. Die Eier mit dem Zucker schaumig rühren, Quark und Cappuccino unterziehen. Die Stärke dazugeben. Die Sahne steif schlagen und unterheben.

3 Ein tiefes Backblech (38 x 24 cm) mit Backpapier auslegen. Den Backofen auf 180 °C Umluft vorheizen.

4 Den Teig zwischen 2 Lagen Frischhaltefolie ausrollen und das Backblech damit auskleiden, dabei einen Rand formen. Die Capuccino-Quark-Masse auf den Teig streichen. Die Pflaumen mit der Schnittseite nach unten darauflegen.

5 Den Kuchen im Backofen bei 180 °C etwa 40 Minuten backen. Dann noch etwa 10 Minuten im ausgeschalteten Backofen ruhen lassen. Herausnehmen, abkühlen lassen, in Stücke schneiden und mit Puderzucker bestäuben.

Zutaten für 1 tiefes Backblech
(38 x 24 cm, etwa 16 Stücke)

Für den Teig:

250 g Mehl

80 g gemahlene Mandeln

½ TL Backpulver · 60 g Zucker · 1 Prise Salz

2 Eier · 1–2 EL Sahne · 150 g Butter

Für den Belag:

5 EL Cappuccinopulver (Instant)

800 g Pflaumen · 3 Eier · 50 g Zucker

750 g Quark · 3 EL Stärke · 100 g Sahne

Puderzucker zum Bestäuben

Zubereitungszeit: 40 Minuten
Ruhezeit: 40 Minuten
Backzeit: 40 Minuten

Himbeer-Ricotta-Schnitten
fruchtig und frisch

Zutaten für 1 Backblech
(etwa 20 Stücke)

Für den Teig:

500 g Mehl

1 Päckchen Backpulver

250 g sehr weiche Butter

250 g Zucker

1 Msp. Salz

4 Eier

175 ml Milch

2 EL Zitronensaft

2 TL abgeriebene Schale einer
unbehandelten Zitrone

Für die Ricottacreme:

2 unbehandelte Limetten

400 g Ricotta

150 g Puderzucker

200 g Sahne

Für die Garnitur:

250 g Himbeeren

Puderzucker zum Bestäuben

Zubereitungszeit: 40 Minuten
Backzeit: 45–50 Minuten

1 Ein Backblech mit Backpapier auslegen. Den Backofen auf 180 °C Ober- und Unterhitze vorheizen.

2 Für den Teig Mehl und Backpulver in eine Schüssel sieben, mischen und Butter, Zucker, Salz, Eier, Milch sowie Zitronensaft und -schale zugeben. Mit den Quirlen des elektrischen Rührgeräts etwa 2–3 Minuten gründlich durchrühren. Den Teig auf dem Backblech verstreichen und im Backofen bei 180 °C etwa 45–50 Minuten backen. Stäbchenprobe durchführen (siehe Seite 10). Herausnehmen und vollständig abkühlen lassen.

3 Für die Ricottacreme die Limetten mit einem Sparschäler dünn abschälen und die Schale in feinste Streifen schneiden. Den Saft auspressen. Den Ricotta mit Puderzucker und Limettensaft schaumig rühren. Die Sahne steif schlagen und unterziehen.

4 Zum Servieren den Kuchen in 20 Stücke teilen, mit der Ricottacreme bestreichen, mit Himbeeren belegen, leicht mit Puderzucker bestäuben und mit Limettenschalenstreifen garnieren.

Geeiste Biskuitschnitten
und Erdbeer-Rhabarber-Kompott

Zutaten für 1 Blech
(etwa 15 Stücke)

Für den Biskuit:

6 Eier, getrennt · 1 Ei

125 g Zucker · 1 Prise Salz

½ unbehandelte Zitrone

2 TL Vanillezucker

50 g Mehl

125 g gemahlene Haselnusskerne

Für den Quarkbelag:

3 Blatt Gelatine · 2 Eigelb

50 – 80 g Zucker

3 TL Vanillezucker

300 g Quark (20 % Fett)

½ unbehandelte Orange

125 g Sahne

Für den Mohnbelag:

3 Blatt Gelatine · 3 Eigelb

100 g Zucker · 1 Prise Salz

¼ Vanilleschote

50 g Mohn oder Mohn-Back-Füllung (Fertigprodukt)

1 – 2 EL Honig

250 g Sahne

Für den Apfelbelag:

Apfelmus

Für das Kompott:

400 g Rhabarber

250 g Erdbeeren

½ unbehandelte Zitrone

200 ml Wasser

80 – 120 g Zucker

Zubereitungszeit: 50 Minuten
Backzeit: 7 – 10 Minuten
Kühlzeit: etwa 2 Stunden

1 Den Backofen auf 200 °C (Umluft) vorheizen. Ein Backblech mit Backpapier auslegen.

2 Für den Biskuit Eigelbe und das ganze Ei mit Zucker, Salz, abgeriebener Zitronenschale und Vanillezucker zu einer hellgelben Schaummasse aufschlagen. Die Eiweiße zu Schnee schlagen und auf die Schaummasse häufen. Das Mehl darübersieben, die Haselnüsse darüberstreuen und alles unter die Schaummasse ziehen. Die Biskuitmasse gleichmäßig 1 – 1,5 cm dick auf das Blech streichen und in 7 – 10 Minuten goldbraun backen. Den Kuchen auf einem Kuchengitter abkühlen lassen. Dann den Teig auf ein tiefes Blech oder in eine tiefe eckige Form geben und mit Alufolie einen etwa 1,5 cm überstehenden Rand rundherum legen.

3 Für den Quarkbelag Gelatine 10 Minuten in kaltem Wasser einweichen. Eigelbe mit Zucker und Vanillezucker cremig rühren. Quark und abgeriebene Orangenschale unterziehen. Gelatine unter Rühren auflösen, 2 Esslöffel Quarkmasse dazugeben. Die Mischung unter die restliche Quarkmasse rühren und kühl stellen. Sahne schnittfest schlagen. Sobald die Quarkmasse beginnt, fest zu werden, die Sahne unterziehen.

4 Für den Mohnbelag Gelatine 10 Minuten in kaltem Wasser einweichen. Eigelbe mit Zucker, Salz und ausgekratztem Mark der Vanilleschote über einem heißen Wasserbad aufschlagen. In die warme Masse die gut ausgedrückte Gelatine, Mohn und Honig unterrühren. Die Masse kühl stellen, bis sie beginnt, fest zu werden. Geschlagene Sahne unterziehen.

5 Die Quarkmasse in einen Spritzbeutel mit großer Lochtülle (oder ohne Tülle) füllen und zügig schräg Streifen mit Abstand auf den Boden spritzen. Mit der Mohnmasse ebenso verfahren. Zum Schluss Apfelmus auf die noch „freien Streifen" verteilen. Das Ganze für 1 – 2 Stunden einfrieren.

6 Für das Kompott den Rhabarber waschen, schälen, in dünne Scheiben schneiden. Mit der Zitronenschale (in Stücken oder gerieben) und Wasser in einem Topf etwa 10 Minuten weich köcheln, bis er zu zerfallen beginnt.

7 Inzwischen die Erdbeeren putzen, vorsichtig waschen und vierteln. Kleingeschnittene Erdbeeren in den noch heißen Rhabarber geben, etwas durchziehen lassen und nach Geschmack die Zitronenschale entfernen. Das Kompott in warmem Zustand süßen und ganz abkühlen lassen.

8 Den Kuchen aus dem Gefrierfach nehmen, kurz antauen lassen, portionieren und mit dem Kompott servieren.

Mohn-Quark-Kuchen
mit Orangenstücken

1 Für den Boden das Mehl mit Salz, Zucker, abgeriebener Orangenschale und Vanillezucker mischen und auf die Arbeitsfläche häufen. Die Butter in Flöckchen darauf verteilen und mit einem Messer unterhacken. Dann das Ei einarbeiten und alles rasch zu einem Teig verkneten. Den Teig mindestens 30 Minuten kühl stellen.

2 Für den Belag inzwischen die Orangen schälen und filetieren oder in Stücke schneiden, mit dem Orangenlikör beträufeln und durchziehen lassen.

3 Den Backofen auf 190 °C Ober- und Unterhitze vorheizen. Eine Backblech mit Backpapier auslegen.

4 Die Eier mit dem Zucker zu einer hellgelben Schaummasse aufschlagen. Dann Zitronensaft, Puddingpulver und Quark gut unterrühren. Die Milch und das Öl nach und nach zugeben und unterrühren.

5 Den Mürbeteig auf dem Blech ausrollen, einen Rand hochziehen, mehrmals mit einer Gabel einstechen und 10 Minuten vorbacken. Etwa zwei Drittel der Quarkmasse auf den Teig gießen und weitere 20 Minuten backen. Die restliche Quarkmasse mit dem Mohn gut verrühren.

6 Sobald der Quarkbelag im Backofen nach etwa 20 Minuten beginnt, fest zu werden, die Orangenstücke auf dem Kuchen verteilen und die Quark-Mohn-Masse gleichmäßig darüber verteilen. Den Kuchen in 20–30 Minuten fertig backen.

Zutaten für 1 Blech (30 x 40 cm)

Für den Boden:

250 g Mehl · 1 Prise Salz · 60–80 g Zucker

½ unbehandelte Orange · 2 TL Vanillezucker

160 g Butter · 1 Ei

Für den Belag:

3–4 Orangen

4–6 EL Orangenlikör (z. B. Cointreau)

6 Eier · 240 g Zucker · 2 EL Zitronensaft

100 g Vanillepuddingpulver

1 kg Quark (20 % Fett) · 750 ml Milch

350 ml geschmacksneutrales Öl

150–200 g Mohn-Back-Füllung (Fertigprodukt)

Zubereitungszeit: 35 Minuten
Backzeit: 50–60 Minuten
Ruhezeit: 30 Minuten

Marzipan-Ananas-Schnitten
mit frischen Kokosraspeln

1 Den Backofen auf 180 °C Ober- und Unterhitze vorheizen. Ein Backblech mit Backpapier auslegen.

2 Für den Kuchen die Ananasstücke abtropfen lassen, Saft auffangen. Größere Stücke bei Bedarf kleiner schneiden.

3 Die Marzipanrohmasse in kleine Stückchen schneiden und mit Butter, Zucker, Vanillezucker und Salz möglichst cremig rühren. Die Eier nach und nach unterziehen. Das Mehl mit dem Backpulver mischen, über die Marzipanmasse sieben und einarbeiten. Die abgetropften Ananasstücke mit den Schokoladentropfen und Kokosraspeln unterziehen, den Teig gleichmäßig auf das Blech streichen und in 35 – 45 Minuten goldbraun backen. Den Kuchen auf einem Kuchengitter abkühlen lassen.

4 Für den Guss den gesiebten Puderzucker mit so viel Ananassaft verrühren, dass eine dickflüssige Glasur entsteht. Den Kuchen damit glasieren. Mit einer groben Raspel oder einem Gemüsehobel die Kokosnuss auf die noch feuchte Glasur reiben. Glasur trocknen lassen und servieren.

Zutaten für 1 Blech (30 x 40 cm)

Für den Kuchen:

300 g Ananasstücke (Dose)

200 g Marzipanrohmasse

250 g Butter · 250 g Zucker

3 TL Vanillezucker · 1 Prise Salz · 4 Eier

400 g Mehl · 3 TL Backpulver

100 – 150 g Schokoladentropfen

50 g Kokosraspeln

Für den Guss:

200 g Puderzucker · etwas Ananassaft

1 Kokosnuss (etwa 50 g)

Zubereitungszeit: 20 Minuten
Backzeit: 35 – 45 Minuten

Himbeer-Pistazien-Schnitte
mit weißen Schokoblüten

Zutaten für 1 Kastenform
(etwa 35 cm lang, 8 Stücke)

Für den Mürbeteigboden:

200 g Mehl

50 g Zucker

1 Prise Salz

1 TL Vanillezucker

½ unbehandelte Zitrone

100 g Butter

1 Ei

Für den Schokoladenboden:

3 Eier, getrennt

75 g Zucker

1 Prise Salz

20 g Kakao

75 g Mehl

4 – 6 EL Himbeerkonfitüre
zum Bestreichen

Für die Creme:

8 Blatt Gelatine

500 g Naturjoghurt

40 – 60 g Zucker

½ unbehandelte Zitrone

2 TL Vanillezucker

150 g Sahne

100 g geschälte Pistazien

150 g Himbeeren (TK oder frisch)

1 TL Himbeergeist nach Belieben

Für die Garnitur:

100 g weiße Kuvertüre

1 Päckchen klarer Tortenguss

frische Himbeeren

Zubereitungszeit: 40 Minuten
Backzeit: 17 – 20 Minuten
Ruhezeit: 3 Stunden

1 Für den Boden Mehl mit Zucker, Salz, Vanillezucker und abgeriebener Zitronenschale mischen. Butter mit einem Meser unterhacken und Ei einarbeiten. Alles rasch zu einem Teig verkneten und 30 Minuten kühlen.

2 Den Backofen auf 200 °C Umluft vorheizen. Ein Backblech mit Backpapier auslegen.

3 Für den Schokoladenboden Eigelbe mit Zucker und Salz zu einer hellgelben Schaummasse aufschlagen. Kakao mit Mehl mischen. Eiweiße zu Schnee schlagen, auf die Schaummasse geben und Mehlmischung darübersieben. Alles unter die Schaummasse ziehen. Biskuitmasse in Form eines Rechtecks etwa 1 cm dick auf das Blech streichen, 7 – 10 Minuten backen und auf einem Gitter abkühlen lassen. Backofen auf 180 °C zurückschalten.

4 Ein weiteres Backblech mit Backpapier auslegen. Darauf den Mürbeteig auf ein doppelt so großes Rechteck wie den Biskuit ausrollen, mehrmals mit der Gabel einstechen und in etwa 10 Minuten goldbraun backen. Auf einem Kuchengitter auskühlen lassen.

5 Mithilfe einer Kastenform zwei Rechtecke aus dem Mürbeteigboden und eines aus dem Schokoladenbiskuit zurechtschneiden. Die Mürbeteigrechtecke auf einer Seite mit Himbeerkonfitüre bestreichen. Die Böden zusammensetzen, dabei ist der Schokoladenboden innen.

6 Kastenform mit Backpapier auslegen und die Böden hineinlegen.

7 Für die Creme die Gelatine 10 Minuten in kaltem Wasser einweichen. Joghurt mit Zucker, abgeriebener Zitronenschale und Vanillezucker gut vermischen. Die Sahne schnittfest schlagen. Gelatine auflösen, 2 Esslöffel Joghurtmasse dazugeben und die Gelantine unter den restlichen Joghurt rühren. Pistazien, Himbeeren, Sahne und Himbeergeist unterheben. Die Masse auf die Böden verteilen und im Kühlschrank fest werden lassen.

8 Für die Garnitur die weiße Kuvertüre im Wasserbad schmelzen lassen, gleichmäßig dünn auf ein großes Brett streichen und fest werden lassen. Tortenguss nach Packungsanweisung zubereiten, auf dem gekühlten Kuchen verteilen und fest werden lassen. Kuchen vorsichtig aus der Kastenform nehmen und in 8 Stücke portionieren.

9 Von der Kuvertüre Blätter bzw. Späne abschaben und zu einer Blüte zusammenfügen. Die Schnitten mit Schokoblüten und Himbeeren garnieren.

Quarkbiskuitschnitten
mit Himbeeren

**Zutaten für 1 Backblech
(etwa 10 Stücke)**

Für den Boden:

4 Eier · 125 g Zucker · 40 g Stärke

75 g Mehl · 1 TL Backpulver

40 g geriebene Mandeln

3 EL Johannisbeergelee

Für den Biskuit:

250 g Quark

50 g Joghurt · 50 g Zucker

125 g Zartbitterkuvertüre

250 g Sahne · 1 Päckchen Sahnesteif

500 g Himbeeren

Puderzucker zum Bestäuben

Zubereitungszeit: 1 Stunde
Backzeit: 12 – 15 Minuten
Kühlzeit: 2 Stunden

1 Den Backofen auf 200 °C Ober- und Unterhitze vorheizen. Ein Backblech mit Backpapier auslegen.

2 Für den Biskuit die Eier trennen. Die Eiweiße mit 2 Esslöffeln kaltem Wasser steif schlagen, nach und nach den Zucker einrieseln lassen und zu einer glänzenden Masse schlagen. Die Eigelbe verquirlen und unterheben. Stärke, Mehl und Backpulver mischen, darübersieben. Mandeln hinzufügen und alles unterziehen. Auf das Backblech streichen und im vorgeheizten Backofen 12 – 15 Minuten backen. Stäbchenprobe durchführen (siehe Seite 10).

3 Den Boden auf ein gezuckertes Geschirrtuch stürzen, Backpapier abziehen. Mit dem Geschirrtuch abgedeckt auskühlen lassen. Den Boden halbieren (jede Hälfte 20 x 30 cm), die Ränder glatt schneiden und eine Hälfte in 10 gleich große Stücke schneiden. Auf die ganze Teigplatte das Gelee streichen und einen Tortenrahmen um den Boden legen.

4 Für den Belag den Quark mit Joghurt und dem Zucker glatt rühren. Die Kuvertüre fein raspeln, zur Creme geben und unterrühren. Die Sahne mit Sahnesteif steif schlagen und unter die Creme ziehen. Etwa 100 Gramm der Creme für die Garnitur beiseitestellen.

5 Die Himbeeren verlesen, etwa 100 Gramm für die Garnitur beiseitestellen. Unter den Rest der Creme die verlesenen Himbeeren heben und auf dem Tortenboden verteilen. Glatt streichen, die 10 unterteilten Bodenstücke darauflegen und leicht andrücken.

6 Mit der restlichen Creme sowie den Himbeeren garnieren. Mindestens 1 Stunde kalt stellen, dann aus dem Rahmen lösen und in 10 Stücke schneiden. Vor dem Servieren mit Puderzucker bestäuben.

Blätterteig mit Erdbeeren
Erdbeeren mal anders

1 Den Blätterteig auftauen lassen, dann zu einem Rechteck von etwa 25 x 30 cm ausrollen. Auf ein mit Backpapier belegtes Backblech legen und mit einer Gabel mehrmals einstechen. Mit dem verquirltem Eiweiß bepinseln und mit 1 Esslöffel Puderzucker bestäuben. Im vorgeheizten Backofen bei 200 °C in etwa 10 Minuten goldbraun backen. Herausnehmen und auskühlen lassen.

2 Die Sahne mit dem restlichen Puderzucker und dem Vanillezucker steif schlagen.

3 Die Mandeln in einer Pfanne ohne Fett leicht goldbraun anrösten. Abkühlen lassen.

4 Die Erdbeeren putzen, waschen, trocken tupfen und je nach Größe halbieren oder vierteln.

5 Die Sahne auf den Blätterteig streichen und Erdbeeren darauf verteilen. Die Mandeln darüberstreuen. Zum Servieren in etwa 12 Stücke schneiden.

Zutaten für 12 Stücke

400 g Blätterteig (TK)

1 Eiweiß

5 EL Puderzucker

400 g Sahne

1 Päckchen Vanillezucker

500 g Erdbeeren

100 g gehobelte Mandeln

Zubereitungszeit: 30 Minuten
Backzeit: 10 Minuten

Holunderblütenschaum
auf Mandelbiskuit

Zutaten für 1 Kastenform
(etwa 35 cm lang, 8 Stücke)

Für den Biskuit:

6 Eier, getrennt

1 Ei

125 g Zucker

1 Prise Salz

½ unbehandelte Orange

2 TL Vanillezucker

50 g Mehl

125 g gemahlene Mandeln

4 – 6 EL Holunderblüten- oder
Quittengelee

Für die Füllung:

6 Blatt Gelatine

3 Eier, getrennt

75 g Blütenhonig

¼ Vanilleschote

500 ml Milch

5 – 6 Holunderblütendolden

400 g Quark (20 % Fett)

60 – 75 g Zucker

1 EL Rum

1 EL Orangensaft

250 g Sahne

Für die Garnitur:

150 g Zucker

einige Holunderblütendolden

100 – 150 g gehobelte Mandeln

Zubereitungszeit: 40 Minuten
Backzeit: 7 – 10 Minuten
Kühlzeit: 2 Stunden

1 Den Backofen auf 200 °C Umluft vorheizen. Ein Backblech mit Backpapier auslegen.

2 Für den Biskuit die Eigelbe und das ganze Ei mit Zucker, Salz, abgeriebener Orangenschale und Vanillezucker zu einer hellgelben Schaummasse aufschlagen. Die Eiweiße zu Schnee schlagen und auf die Schaummasse geben. Das Mehl darübersieben, die Mandeln darüberstreuen und alles unter die Schaummasse ziehen. Die Biskuitmasse 1 – 1,5 cm gleichmäßig dick auf das Blech streichen und in 7 – 10 Minuten goldbraun backen. Den Kuchen auf einem Gitter abkühlen lassen. Dann in drei Streifen teilen. Zwei der Streifen auf einer Seite mit Gelee bestreichen, zusammensetzen und in eine passende, mit Backpapier ausgelegte Kastenform legen.

3 Für die Füllung die Gelatine 10 Minuten in kaltem Wasser einweichen. Eigelbe mit Honig und ausgekratztem Mark der Vanilleschote schaumig rühren. Dann mit Milch in einen Topf geben. Holunderblüten abzupfen und hinzufügen. Unter Rühren erhitzen, einmal aufwallen lassen, sofort vom Herd nehmen und die gut ausgedrückte Gelatine darin auflösen. Unter gelegentlichem Rühren bei Zimmertemperatur abkühlen lassen. Bevor die Masse fest zu werden beginnt, durch ein Sieb passieren.

4 Quark mit Zucker, Rum und Orangensaft verrühren und mit der Milchcreme vermengen. Masse kühl stellen, bis sie beginnt, fest zu werden. Inzwischen die Eiweiße zu Schnee und die Sahne schnittfest schlagen und beides unter die Creme ziehen.

5 Etwa zwei Drittel der Creme auf den Boden in der Kastenform streichen, den dritten Boden darauflegen. Die restliche Creme darauf verteilen und glatt streichen. Den Kuchen etwa 2 Stunden im Kühlschrank fest werden lassen, dann in 8 Stücke portionieren.

7 Für die Garnitur den Zucker unter Rühren bei mittlerer Hitze hellbraun karamellisieren. Mit einem Löffel etwas Karamell über die Blütendolden träufeln oder diese vorsichtig ganz kurz in den Karamell eintauchen. Anschließend trocknen lassen.

8 Unter den restlichen Karamell die Mandeln mischen. Die Masse auf Backpapier streichen und abkühlen lassen. Dann in Stücke brechen. Die Schnitten mit Karamellstücken und den Blüten garnieren.

Saftiger Mohnkuchen
mit Obstfüllung

1 Den Backofen auf 200 °C Ober und Unterhitze vorheizen. Die Aprikosen und die Schattenmorellen jeweils in einem Küchensieb gut abtropfen lassen. Ein Backblech mit Backpapier auslegen.

2 Die weiche Butter mit dem Zucker in einer Rührschüssel mit den Schneebesen des Handrührgeräts cremig schlagen. Die Eier nacheinander hinzufügen und alles zu einer hellgelben Schaummasse rühren. Die Buttermilch und das Mohn-Back zum Teig geben. Das Mehl mit der Stärke und dem Backpulver mischen und unter den Teig rühren.

3 Den Mohnteig auf dem Backblech gleichmäßig verstreichen. Die abgetropften Früchte darauf verteilen. Mandelblättchen darüberstreuen. Den Kuchen im vorgeheizten Backofen auf der mittleren Schiene 30–40 Minuten backen. Stäbchenprobe durchführen (siehe Seite 10). Aus dem Backofen nehmen und abkühlen lassen. Vor dem Servieren in Stücke schneiden und mit Puderzucker bestäuben.

Zutaten für 1 Backblech (etwa 20 Stücke)

400 g Aprikosenhälften (Dose)

350 g Schattenmorellen (Glas)

250 g weiche Butter · 150 g Zucker

6 Eier · 100 ml Buttermilch

250 g Mohn-Back-Füllung (Fertigprodukt)

300 g Mehl · 75 g Stärke

1 TL Backpulver · 50 g Mandelblättchen

Puderzucker zum Bestäuben

Zubereitungszeit: 30 Minuten
Backzeit: 30–40 Minuten

Johannisbeermosaik
auf Eierlikörcreme

1 Den Backofen auf 180 °C Ober- und Unterhitze vorheizen. Die Springform mit Backpapier auslegen.

2 Für den Teig das Mehl mit der Stärke und dem Backpulver mischen. Die Butter mit dem Zucker schaumig schlagen, die Eier einzeln nacheinander dazugeben. Die Zitrone waschen, trocken tupfen, die Schale abreiben und den Saft auspressen. Beides mit den gemahlenen Mandeln unter die Schaummasse mischen. Die Mehlmischung nach und nach unterrühren. Den Teig in die Springform füllen und glatt streichen. Im Backofen etwa 20–30 Minuten backen. Stäbchenprobe durchführen (siehe Seite 10). Aus der Form lösen, auf ein Kuchengitter stürzen und das Papier abziehen. Den Kuchen gut auskühlen lassen.

3 Für den Belag die Beeren waschen, trocken schütteln und von den Rispen streifen. Jede Sorte in eine Schüssel geben und mit jeweils 1 Esslöffel Puderzucker mischen.

4 Für die Creme 2–3 Esslöffel Milch mit Eigelb, Zucker, Vanilleextrakt und Stärke glatt rühren. Die restliche Milch in einem Topf zum Kochen bringen, die Stärkemischung unter Rühren zufügen und noch mal aufkochen. Den Eierlikör unterrühren. Die Creme im Kühlschrank abkühlen und fest werden lassen. Die Sahne steif schlagen. 3 Esslöffel der Sahne unter die Creme rühren, den Rest locker unterheben. Die Creme bis auf 4 Esslöffel auf den Boden streichen. Den Kuchen 1 Stunde kalt stellen.

5 Mit den Beeren 16 Quadrate mit abwechselnden Farben auf den Kuchen legen, die restliche Creme auf den Rand streichen und diesen mit Mandelblättchen bestreuen. Nochmals 1 Stunde im Kühlschrank kalt stellen. Vor dem Servieren mit Minzeblättern garnieren.

Überziehen Sie den Kuchen dünn mit klarem Tortenguss. Dieser wirkt wie Klebstoff und hält die Beeren besser zusammen.

Zutaten für 1 eckige Springform
(30 x 30 cm, für 16 Stücke)

Für den Rührteig:

125 g Mehl · 30 g Stärke · 1 Msp. Backpulver

150 g Butter · 100 g Zucker · 3 Eier

1 unbehandelte Zitrone · 50 g gemahlene Mandeln

Für den Belag:

je 300 g Rote, Schwarze und Weiße Johannisbeeren

3 EL Puderzucker

Für die Creme:

125 ml Milch · 1 Eigelb · 2 EL Zucker

1 TL Vanilleextrakt · 30 g Stärke · 125 ml Eierlikör

350 g Sahne · Mandelblättchen zum Bestreuen

Minzeblätter für die Garnitur

Zubereitungszeit: 50 Minuten
Backzeit: 20–30 Minuten
Kühlzeit: 2 Stunden

Brownies mit Nüssen
schokoladig gut

Zutaten für 1 Backblech
(30 x 40 cm)

Für den Teig:

300 g Bitterschokolade
(70 % Kakao)

300 g kalte Butter

6 Eier

300 g Zucker

150 g Mehl

2 – 3 EL Kakao

50 g weiße Schokolade

50 g Zartbitterschokolade
(50 – 60 % Kakao)

100 g Wal- oder Pecannusskerne

eckige Oblaten nach Belieben

Für die Glasur:

200 – 250 g Puderzucker

Zitronensaft nach Bedarf

Zubereitungszeit: 20 Minuten
Backzeit: 30 Minuten

1 Den Backofen auf 200 °C Ober- und Unterhitze vorheizen. Ein Backblech mit Backpapier auslegen.

2 Für den Teig die Schokolade über einem heißen Wasserbad schmelzen und vom Herd nehmen. Die kalte Butter stückchenweise zugeben, alles cremig rühren und abkühlen lassen.

3 Die Eier mit 200 g Zucker zu einer cremigen Schaummasse schlagen. Den restlichen Zucker mit dem Mehl und dem Kakao vermengen. Anschließend in eine Schüssel sieben. Die weiße und die zartbittere Schokolade sowie die Nüsse hacken. Jetzt vorsichtig die abgekühlte Schokoladen-Butter-Masse in die Schaummasse einrühren. Das gesiebte Mehl mit der gehackten Schokolade und den Nüssen unterheben.

4 Nach Belieben das Blech mit eckigen Oblaten auslegen und die Masse gleichmäßig aufstreichen. Den Teig in etwa 30 Minuten goldbraun backen. Den Kuchen etwas auf dem Blech abkühlen lassen, dann vom Blech nehmen und auf einem Kuchengitter vollständig erkalten lassen.

5 Für die Glasur den gesiebten Puderzucker mit so viel Zitronensaft verrühren, dass ein dünner Guss entsteht. Die Kuchenplatte damit bestreichen, trocknen lassen und in Würfel schneiden.

Kleine Kuchen

Lavendel-Aprikosen-Törtchen
aus lockerem Joghurtteig

Zutaten für 6 Tortelettes

Semmelbrösel für die Förmchen

8 – 10 Aprikosen

1 – 2 Lavendelblütenrispen

150 g weiche Butter

150 g Zucker

2 TL Vanillezucker

1 Prise Salz

1 Ei

abgeriebene Schale
von ½ unbehandelten Orange

100 ml Joghurt
(Aprikose oder Vanille)

200 g Weizenmehl (Type 1050)

2 TL Backpulver

Zubereitungszeit: 20 Minuten
Backzeit: 20 Minuten

1 Den Backofen auf 175 °C Umluft vorheizen. Sechs Torteletteförmchen gut ausbuttern und mit den Semmelbröseln ausstreuen.

2 Die Aprikosen waschen, entkernen und etwa ⅓ in kleine Würfel schneiden, den Rest in Spalten. Die Lavendelblüten vom Stiel streifen, einige nach Belieben für die Garnitur beiseitelegen.

3 Die Butter mit Zucker, Vanillezucker, Salz, Lavendelblüten und Ei cremig rühren. Die abgeriebene Orangenschale, den ausgepressten Saft und den Joghurt hinzufügen.

4 Das Mehl mit dem Backpulver mischen und schnell unterrühren. Die Aprikosenwürfel unterheben. Den Teig gleichmäßig auf die Förmchen verteilen. Darauf die Aprikosenspalten verteilen und die Tortelettes in etwa 20 Minuten goldbraun backen.

5 Die Kuchen kurz in den Formen abkühlen lassen, dann auf einem Kuchengitter vollständig erkalten lassen.

6 Vor dem Servieren mit Puderzucker bestäuben und nach Belieben mit Lavendelblüten garnieren.

Heiße Kirschtartelettes
an Vanilleeis

1 Den Backofen auf 200 °C Ober- und Unterhitze vorheizen. Ein Backblech mit Backpapier auslegen.

2 Den Blätterteig auftauen lassen, dann bei Bedarf auf der leicht bemehlten Arbeitsfläche 2–3 mm dick ausrollen. Mit einem runden Ausstecher oder kleinem Teller 8 Kreise mit jeweils etwa 10–12 cm Durchmesser ausstechen oder ausschneiden.

3 Für den Belag die Kirschen waschen, halbieren und entkernen. Das Marzipan mit dem Eiweiß in einer Schüssel glatt rühren. Butter, Mandeln und Rum hinzufügen.

4 Die Blätterteigkreise auf das Blech legen und dünn mit der Marzipanmasse bestreichen, dabei jeweils einen Rand von etwa 2 cm frei lassen. Die Kirschhälften mit der Wölbung nach oben auf die Marzipanschicht legen. Die Tartelettes im vorgeheizten Backofen auf der untersten Schiene 15–20 Minuten backen, bis die Unterseite goldbraun ist.

5 Inzwischen für die Karmaellgitter den Zucker in einem Topf schmelzen und goldbraun karamellisieren. Mit einem Löffel rasch Karamellfäden auf einem Stück geölter Alufolie quer und längs zu einem Gitter ziehen und auskühlen lassen. So 6 Gitter anfertigen. Wenn sie fest sind, vorsichtig von der Folie lösen.

6 Für die Glasur das Kirschgelee in einem kleinen Topf erhitzen, die Orangenschale und das ausgekratzte Mark der Vanille hinzufügen. Vom Herd nehmen und das Kirschwasser unterrühren.

7 Die Tartelettes aus dem Backofen nehmen und die Kirschen dünn mit der Glasur bestreichen. Die noch heißen Kirschtartelettes auf Teller geben, mit Puderzucker bestäuben und je 1 Kugel Vanilleeis daraufsetzen. Vor dem Servieren mit einem Karamellgitter garnieren.

Zutaten für 6 Stück

200 g Blätterteig (TK)

Für den Belag:

300 g Kirschen · 60 g Marzipanrohmasse

1 Eiweiß · 1 EL weiche Butter

1 EL gemahlene Mandeln · 1 EL Rum

Für das Karamellgitter:

200 g Zucker · Öl für die Folie

Für die Glasur:

70 g Kirschgelee · ½ TL abgeriebene Schale von einer unbehandelten Orange

1 Vanilleschote · 1 EL Kirschwasser

Für die Garnitur:

Puderzucker zum Bestäuben · 6 Kugeln Vanilleeis

Zubereitungszeit: 40 Minuten
Backzeit: 15–20 Minuten

Mini-Himbeer-Schoko-Torte
mit Karamellbruch

1 Den Backofen auf 200 °C Ober- und Unterhitze vorheizen. Die Springform mit Backpapier auslegen.

2 Für den Biskuit die Eier trennen. Die Eiweiße zu steifem Schnee schlagen, dabei die Hälfte des Zuckers einrieseln lassen. Die Eigelbe mit der andern Hälfte des Zuckers und dem Salz sehr schaumig rühren. Mit einem Schneebesen die Eigelbcreme unter den Eischnee ziehen. Das Mehl mit dem Kakao mischen, auf die Schaummasse sieben und unterheben.

3 Die Biskuitmasse in der Springform gleichmäßig verstreichen und im vorgeheizten Backofen etwa 10 Minuten backen. Herausnehmen, den Ring lösen und den Biskuit auskühlen lassen. Einen Tortenring um den Biskuitboden legen.

4 Für die Schokoladencreme die Sahne erhitzen, die Kuvertüre darin auflösen und anschließend gut kühlen. Die Gelatine 10 Minuten in kaltem Wasser einweichen, leicht ausdrücken und in einem Topf auflösen und leicht abkühlen lassen. Die kalte Schokoladensahne schaumig aufschlagen, die Gelatine unterrühren und zuletzt die Schokoladenraspel unterheben. Schokocreme auf den Biskuit füllen und kühl stellen.

5 Für die Himbeer-Sahne-Creme den Quark mit dem Zucker, dem Vanillezucker und dem Zitronensaft verrühren. Die Sahne steif schlagen. Die Gelatine 10 Minuten in kaltem Wasser einweichen, leicht ausdrücken und in einem Topf auflösen und leicht abkühlen lassen. Dann unter die Quarkmasse schlagen. Die Himbeeren behutsam unterrühren und die Sahne unterheben. Die Creme auf die Schokoladencreme streichen und die Torte mindestens 3 Stunden kalt stellen.

6 Für die Garnitur den Zucker in einem Topf goldbraun karamellisieren und dann sofort auf ein mit Backpapier belegtes Blech gießen. Den Karamell nach dem Erstarren in Stücke brechen.

7 Bei der Torte den Tortenring entfernen und mit Karamellstücken sowie frischen Himbeeren dekorieren. Die restlichen Himbeeren auf die Tortenplatte um die Torte herumlegen. Die Torte dünn mit Puderzucker bestäuben.

Zutaten für 1 Springform (24 cm Durchmesser)

Für den Biskuit:

3 Eier · 80 g Zucker · 1 Prise Salz

80 g Mehl · 1 EL Kakaopulver

Für die Schokoladencreme:

250 g Sahne · 70 g dunkle Kuverture

2 Blatt Gelatine · 50 g Schokoladenraspel

Für die Himbeer-Sahne-Creme:

400 g Quark (20 % Fett) · 2–3 EL Zucker

1 Päckchen Vanillezucker · 2 EL Zitronensaft

500 g Sahne · 6 Blatt Gelatine · 250 g Himbeeren

Für die Garnitur:

150 g Zucker · 20 Himbeeren · Puderzucker

Zubereitungszeit: 1 Stunde
Kühlzeit: mindestens 3 Stunden
Backzeit: 10 Minuten

Zitronen-Frischkäse-Tortelettes mit Joghurtbällchen

Zutaten für 6 Tortelettes

Für die Böden:

250 g Mehl

1 Prise Salz

60 – 80 g Zucker

½ unbehandelte Zitrone

2 TL Vanillezucker

160 g Butter

1 Ei

Für die Joghurtbällchen:

6 Blatt Gelatine

300 g Naturjoghurt

50 – 80 g Zucker

2 TL Vanillezucker

½ unbehandelte Zitrone

1 – 2 TL Rum

150 g Sahne

Semmelbrösel für die Form

Für die Füllung:

4 Blatt Gelatine

1 unbehandelte Zitrone

300 g Frischkäse

100 g Joghurt (natur oder Vanille)

80 g Zucker

2 TL Vanillezucker

200 g Sahne

Zubereitungszeit: 45 Minuten
Backzeit: 10 Minuten
Ruhezeit: 30 Minuten

1 Für die Böden das Mehl mit Salz, Zucker, abgeriebener Zitronenschale und Vanillezucker mischen und auf die Arbeitsfläche häufen. Die Butter in Flöckchen schneiden, darüber verteilen und mit einem Messer unterhacken. Dann das Ei einarbeiten und alles rasch zu einem Teig verkneten. Den Teig mindestens 30 Minuten kühl stellen.

2 Inzwischen für die Joghurtbällchen die Gelatine einweichen. Den Joghurt mit Zucker, Vanillezucker, abgeriebener Zitronenschale und Rum gut verrühren. Die Gelatine unter Rühren in einem Topf bei niedriger Hitze auflösen, 2 – 3 Esslöffel Joghurtmasse einrühren und diese Mischung gut unter die restliche Joghurtmasse ziehen. Kühl stellen, bis die Masse fest zu werden beginnt. Die Sahne schnittfest schlagen, dann unter die Joghurtmasse heben und im Kühlschrank fest werden lassen.

3 Den Backofen auf 190 °C Ober- und Unterhitze vorheizen. 6 Torteletteförmchen gut ausbuttern und mit Semmelbröseln ausstreuen.

4 Den Teig in 6 Portionen teilen, gleichmäßig ausrollen, die Formen damit auskleiden, einen Rand hochziehen, mehrmals mit der Gabel einstechen und die Böden in etwa 10 Minuten goldbraun backen. Dann die Böden etwas in der Form abkühlen lassen, auf einem Kuchengitter ganz erkalten lassen.

5 Für die Füllung die Gelatine einweichen. Die abgeriebene Zitronenschale und den ausgepressten -saft mit Frischkäse, Joghurt, Zucker und Vanillezucker glatt rühren. Die Gelatine unter Rühren auflösen, 2 – 3 Esslöffel Frischkäsemasse einrühren, dann kräftig unter die restliche Frischkäsemasse ziehen. Kühl stellen, bis sie fest zu werden beginnt.

6 Die Sahne schnittfest schlagen und unter die Creme ziehen. Die Torteletteförmchen mit der Zitronencreme füllen und kühlen.

7 Vor dem Servieren mit einem Eisportionierer Bällchen aus der Joghurtcreme abstechen und jeweils eines auf die Tortelettes setzen. Nach Belieben mit Zitronenzesten garnieren.

Schwarzwälder Kirschtorte
klein, aber fein!

Zutaten für 1 Mini-Springform
(22 cm Durchmesser)

Für den Teig:

4 Eier

100 g Zucker

100 g Mehl

90 g dunkle Kuvertüre
(45 % Kakao)

60 g zerlassene Butter

Für die Füllung:

500 g Sauerkirschen (Glas)

60 g Zucker

½ TL Zimt

1 EL Stärke

500 g Sahne

2 Päckchen Sahnesteif

Puderzucker

1–2 EL Sauerkirschkonfitüre

1 EL Kirschwasser

Für die Garnitur:

150 g Schokoladenraspel

8 kandierte Kirschen

Zubereitungszeit: 1 Stunde
Backzeit: 30 Minuten
Auskühlzeit: etwa 3 Stunden

1 Den Backofen auf 180 °C Umluft vorheizen. Den Boden einer Springform mit Backpapier auslegen, den Rand fetten und bemehlen.

2 Die Eier trennen. Zucker und Eigelbe über einem warmen Wasserbad cremig aufschlagen. Das Mehl auf die Eicreme sieben. Die Kuvertüre fein reiben und dazugeben. Die flüssige, nur noch lauwarme Butter dazugießen und alles verrühren. Die Eiweiße in einer zweiten Schüssel zu festem Schnee schlagen und vorsichtig unter den Teig heben. Teig in die Springform füllen und im vorgeheizten Backofen bei 160 °C Umluft etwa 30 Minuten backen. Stäbchenprobe durchführen (siehe Seite 10). Sofort den Rand lösen, den Kuchen stürzen und auskühlen lassen.

3 Inzwischen die Sauerkirschen samt Saft in einen Topf geben, 2 Esslöffel Saft beiseitestellen. Die Kirschen mit Zucker und Zimt mischen und aufkochen. Die Stärke mit dem übrigen Saft anrühren und zufügen. Unter Rühren einmal aufkochen, dann abkühlen lassen. Die Sahne mit Sahnesteif und nach Geschmack mit etwas Puderzucker steif schlagen.

4 Den ausgekühlten Biskuit in 3 Böden schneiden. Die Sauerkirschkonfitüre mit Kirschwasser glatt rühren. Einen der Böden mit der Konfitüre, dann mit Sahne bestreichen und danach mit Kirschen belegen. Den zweiten Boden daraufsetzen. Diesen Boden gleichfalls mit Sahne bestreichen und mit Kirschen belegen, dann mit dem dritten Boden abschließen.

5 Die Torte rundherum mit Sahne bestreichen und mit Schokoladenraspeln und kandierten Kirschen dekorieren.

Blätterteigtörtchen
mit Birnenmus

1 Den Backofen auf 200 °C Ober- und Unterhitze vorheizen. Ein Backblech mit Backpapier auslegen.

2 Für den Boden Blätterteig auftauen lassen und ausrollen. Aus dem Blätterteig mit einem Dessertring (etwa 7 cm Durchmesser) oder Trinkglas 16 runde Plätzchen ausstechen. Die Hälfte der Plätzchen mit einem in Wasser angefeuchteten Pinsel einstreichen, mit Zimtzucker bestreuen und die zweite Hälfte der Plätzchen auflegen und andrücken.

3 Aus dem restlichen Blätterteig Blätter ausstechen oder -schneiden und dicht als Rand rund um die Plätzchen legen. Bei Bedarf einen mehrfach gefalteten Alufolienstrang als Stütze an den Innenrand legen. Die Blätterteigförmchen etwa 10 Minuten backen, bis sie leicht zu bräunen beginnen, dann aus dem Backofen nehmen.

4 Inzwischen die Birnen schälen und sehr fein würfeln. $\frac{2}{3}$ des Weins mit der Zimtstange zum Kochen bringen. Restlichen Wein mit dem Puddingpulver und Zucker glatt rühren, in den kochenden Wein einrühren und einmal aufkochen lassen. Die Birnen zugeben, die Masse etwas pürieren. Die Mandeln zum Birnenmus geben, das Mus in die vorgebackenen Förmchen füllen und die Törtchen etwa 10 Minuten fertig backen.

5 Die Aprikosenkonfitüre erhitzen, glatt rühren, nach Belieben pürieren und die noch heißen Törtchen außen mit der Konfitüre bestreichen, mit Puderzucker bestäuben. Sahne mit dem ausgekratzten Mark der Vanilleschote steif schlagen und separat zu den Törtchen servieren.

Zutaten für 8 Törtchen

Für den Boden:

400 g Blätterteig (TK oder gekühlt)

Zimt-Zucker zum Bestreuen

Für die Füllung:

4 – 6 Birnen · 400 ml Weißwein

½ Zimtstange · 1 Vanillepuddingpulver

120 – 150 g Zucker

1 – 2 EL gestiftelte Mandeln

Für die Garnitur:

3 – 4 EL Aprikosenkonfitüre

Zucker nach Belieben

Puderzucker zum Bestäuben

200 g Sahne · ½ Vanilleschote

Zubereitungszeit: 30 Minuten
Backzeit: 20 Minuten

Beerentörtchen
mit gezuckerten Essblüten

1 Das Eiweiß mit der Gabel verquirlen. Die Blüten vorsichtig mit etwas aufgeschlagenem Eiweiß einpinseln und anschließend in Zucker tauchen. Auf Klarsichtfolie oder ein mit Backpapier ausgelegtes Backblech legen und gut trocknen lassen.

2 Inzwischen die Beeren waschen, sehr gut abtropfen lassen oder trocken tupfen und größere Beeren nach Bedarf klein schneiden.

3 Die Sahne mit dem Vanillezucker steif schlagen. In einen Spritzbeutel mit großer Sterntülle füllen und auf die Torteletteböden spritzen. Mit Beeren belegen, nach Belieben säuerliche Beeren vorher in Zucker tauchen. Mit den Blüten garniert servieren.

Zutaten für 6 Törtchen

1 Eiweiß

essbare Blüten (z. B. Veilchen, Stiefmütterchen, Rosenblütenblätter)

Zucker zum Eintauchen der Blüten

500 g gemischte Beeren

250 g Sahne

1–2 Päckchen Vanillezucker

6 fertige Torteletteböden (siehe Seite 166)

Zubereitungszeit: 20 Minuten
Trockenzeit der Blüten: 3 Stunden

Kokostorte
mit Himbeeren

Zutaten für 1 Springform
(18 cm Durchmesser)

Für den Teig:

4 Eier

200 g Zucker

50 g Kokosraspel

250 g Mehl

1 TL Backpulver

120 g zerlassene Butter

Für den Belag:

200 g Himbeeren

2 EL Puderzucker

300 g Sahne

2 Päckchen Sahnesteif

1 EL Kokossirup

1 frische Kokosnuss

Zubereitungszeit: 40 Minuten
Backzeit: 1 Stunde

1 Für den Teig die Eier trennen. Die Eiweiße mit 2 Esslöffeln Zucker steif schlagen und die Kokosraspel unterheben. Die Eigelbe mit dem restlichen Zucker cremig rühren. Das Mehl mit dem Backpulver mischen, darüberstreuen und unterrühren. Dann die Eiweiß-Kokos-Masse unterheben. Zum Schluss die zerlassene Butter unterziehen.

2 Den Teig in die mit Backpapier ausgelegte Springform füllen und in den kalten Backofen auf die unterste Schiene stellen. Die Temperatur des Backofens auf 160 °C Umluft einstellen und den Kuchen etwa 1 Stunde backen. Stäbchenprobe durchführen (siehe Seite 10).

3 Die Himbeeren verlesen. Die Hälfte davon mit 2 Esslöffeln Wasser aufkochen, etwas köcheln lassen, dann durch ein feines Sieb streichen, um die Kerne zu entfernen. 1 Esslöffel Puderzucker unterrühren. Die Sahne mit dem übrigen Puderzucker und dem Sahnesteif sehr steif schlagen, den Sirup unterziehen. Die geschlagene Sahne auf den Kuchen geben, mit dem Himbeerpüree und den Himbeeren garnieren. Nach Belieben Späne von der Kokosnuss abhobeln und die Torte damit dekorieren.

Beerentörtchen
gefüllt mit Vanillesahne

1 Den Backofen auf 180 °C Ober- und Unterhitze vorheizen. 8–10 Timbalförmchen oder ein Muffinblech gut ausfetten und mit den Semmelbröseln ausstreuen.

2 Für die Törtchen die Eiweiße in einem hohen Rührbecher zu Schnee schlagen und kühl stellen. Die Eigelbe mit Zucker, Salz, Zimt und dem Zitronenabrieb zu einer Schaummasse rühren. Das Mehl mit Kakao und Backpulver mischen. Den Eischnee auf die Schaummasse geben und das Mehlgemisch darübersieben, die Kokosraspel dazugeben. Alles rasch unter die Schaummasse ziehen.

3 Die Biskuitmasse gleichmäßig auf die Förmchen verteilen und in 10–15 Minuten goldbraun backen. Die Kuchen in der Form etwas abkühlen lassen, dann auf einem Kuchengitter erkalten lassen.

4 Die abgekühlten Törtchen jeweils von oben vorsichtig kegelförmig einschneiden. Die ausgeschnittenen Kegel zerbröseln. Die Sahne mit Vanillezucker und Sahnesteif schnittfest schlagen und die Brösel unterziehen. Die Törtchen damit füllen und bis zum Servieren kühl stellen.

5 Für die Soße die Beeren auftauen lassen bzw. verlesen, waschen und trocken. Die Früchte mit dem Zucker und dem Zitronenabrieb so lange pürieren, bis der Zucker gelöst ist. Nach Belieben die Soße passieren.

6 Zum Servieren jeweils etwas Soße auf die Törtchen geben und mit Beeren garnieren.

Zutaten für 8 Förmchen

Für die Törtchen:

Semmelbrösel zum Ausstreuen

4 Eier, getrennt · 100 g Zucker · 1 Prise Salz

¼ TL Zimt · abgeriebene Schale von ¼ unbehandelten Zitrone

100 g Mehl · 20 g Kakao · 1 Msp. Backpulver

1–2 EL Kokosraspel · 200 g Sahne

2 TL Vanillezucker · 1–2 Päckchen Sahnesteif

Für die Soße:

200 g Himbeeren (TK oder frisch) · 200 g Zucker

abgeriebene Schale von ½ unbehandelten Zitrone

Für die Garnitur:

frische Beeren (z. B. Blau-, Brom-, Himbeeren)

Zubereitungszeit: 30 Minuten
Backzeit: 10–15 Minuten

Karlsbader Oblatentorte
mit Kaffeecreme und Aprikosen

1 Die Oblaten aus der Packung nehmen. Die Schokolade mit dem Kokosfett über einem heißen Wasserbad schmelzen und die Oblaten damit bestreichen. Um eine Oblate einen Tortenring stellen.

2 Für die Kaffeecreme die Milch aufkochen lassen und über die Kaffeebohnen gießen. Mindestens 1 Stunde ziehen und dabei abkühlen lassen. Die Gelatine 10 Minuten in kaltem Wasser einweichen, ausdrücken und in einem kleinen Topf bei niedriger Hitze auflösen. Die lauwarme aromatisierte Milch durch ein Sieb zugießen, in die Gelatine einrühren, beiseitestellen. Die Kaffeebohnen wegwerfen.

3 Die weiße Schokolade in kleine Stücke schneiden und über einem heißen Wasserbad schmelzen. Die Kaffeemilch langsam nach und nach zugießen und unter gelegentlichem Rühren abkühlen lassen.

4 Die Sahne steif schlagen und kühl stellen. Die Eier trennen, die Eigelbe mit dem Zucker, dem Rum und dem Likör über einem heißen Wasserbad dickflüssig und cremig aufschlagen. Die Eiweiße steif schlagen. Sobald die Schokoladen-Milch-Masse zu gelieren beginnt, die Sahne, die Eigelbmasse und den Eischnee unterheben.

5 Die Masse in vier Portionen teilen und eine Portion auf die Oblate mit dem Tortenring streichen. Darauf wieder eine Oblate legen und mit den weiteren Oblaten genauso verfahren. Mit der letzten Oblate abdecken und mindestens 2 Stunden kühl stellen, danach den Tortenring entfernen.

6 Mit Puderzucker bestäuben und vor dem Servieren nach Belieben mit Aprikosenhälften garnieren.

Zutaten für 1 Torte (18 cm Durchmesser)

1 Packung Karlsbader Oblaten (125 g)

200 g Zartbitterschokolade

15 g Kokosfett oder Kakaobutter

Für die weiße Kafeecreme:

100 ml Milch · 3 EL ganze Kaffeebohnen

5 Blatt weiße Gelatine · 100 g weiße Schokolade

250 g Sahne · 2 Eier · 60 g Zucker

2 cl weißer Rum · 1 cl Kaffeelikör

Für die Garnitur:

Puderzucker zum Bestäuben

1 kleine Dose Aprikosenhälften, abgetropft

Zubereitungszeit: 1 Stunde 20 Minuten
Kühlzeit: 2 Stunden

Nusstörtchen
mit Mascarponecreme

Zutaten für 12 Stück

Für den Teig:

200 g Mehl

200 g gemahlene Haselnusskerne

250 g Butter

100 g Zucker

1 Prise Salz

Für die Creme:

200 g Mascarpone

2 EL Honig

1 unbehandelte Orange

100 g Sahne

Für die Garnitur:

40 g gehackte Pistazien

frische Beeren nach Belieben

Puderzucker zum Bestäuben

Zubereitungszeit: 45 Minuten
Kühlzeit: 30 Minuten
Backzeit: 15 Minuten

1 Für den Teig das Mehl mit den Nüssen mischen, auf die Arbeitsfläche häufen und in die Mitte eine Mulde drücken. Die Butter in Flöckchen schneiden und darüber verteilen. Mit Zucker, Salz und 4−5 Esslöffel kaltem Wasser rasch zu einem glatten Teig verkneten, zu einer Kugel formen und in Frischhaltefolie gewickelt etwa 30 Minuten kühl stellen.

2 Den Backofen auf 180 °C Umluft vorheizen.

3 Den Teig auf einer bemehlten Arbeitsfläche etwa 5 mm dick ausrollen. Mit einem Dessertring oder Glas Kreise (nach Belieben mit gewelltem Rand) von etwa 8 cm Durchmesser ausstechen und auf ein mit Backpapier ausgelegtes Backblech legen. Den Boden mehrmals mit einer Gabel einstechen und im Backofen in etwa 15 Minuten goldbraun backen. Vorsichtig vom Blech nehmen und auf einem Kuchengitter auskühlen lassen.

4 Für die Creme den Mascarpone mit Honig verrühren. Die Schale der Orange abreiben und den Saft auspressen. Beides unter die Creme rühren. Sahne steif schlagen und unterziehen. Jeweils einen Klecks der Creme auf die Törtchen setzen und nach Belieben mit Beeren garnieren, mit Pistazien bestreuen und mit Puderzucker bestäubt servieren.

Register

Bildnachweis

Die Fotografien wurden von der StockFood GmbH zur Verfügung gestellt mit Genehmigung von:

Alack, Chris 97, 101 (oben rechts) – Bacon, Quentin 13 – Bender, Uwe 94 – Bialy, Dorota i Bogdan 17
Blessing, Werner 115 (unten) – Boyny, Michael 57 – Brachat, Oliver 137, 148 – Brauner, M. 61 (unten)
Duivenvoorden, Yvonne 108
Eising, Susie M. 5, 8/9, 14, 21, 23 (oben rechts), 27, 28, 31, 34, 35, 36, 37 (unten), 39, 42, 44/45, 47, 50, 51,
    53, 54, 55, 59, 60 (oben), 63, 65, 69, 71, 73, 74, 75, 76, 77, 78/79, 83, 85, 86, 89, 90, 91, 93, 95, 98, 99, 101
    (unten), 105, 109, 111, 113, 115 (oben links), 119, 121, 122, 131, 133, 136, 141 (unten rechts), 143, 147, 152,
    153, 155, 157, 164, 169, 170, 171, 175 (oben rechts und unten), 177
Ellert, L. 81, 126/127 – Elms, Greg 49 – Feiler Fotodesign 33, 103 – Finley, Marc O. 149, 173
Firmston, Victoria 115 (oben rechts)
Foodcollection 7, 23 (oben links, unten links), 37 (oben links und rechts), 61 (oben rechts), 82,
    101 (oben links), 104, 117, 125
FoodPhotography E. 41, 145 – Grablewski, Alexandra 141 (oben rechts) – Hoersch, Julia 15, 70
Hrbkov·, A. 159 – Johner royalty-free 43 – Kent Lacin LLC 60 (unten) – Kirchherr, Jo 156
Ngoc Minh & Julian Wass 107, 141 (oben links) – Paul, Michael 22, 139, 140, 141 (unten links)
Pousette, Ulrika 19 – Rivière, Jean-François 165 – Rua Castilho 123, 167 – Rupp Tina 11 – Rynio 87
Schardt, Wolfgang 23 (unten rechts), 29, 61 (oben links), 110, 175 (oben links)
Schindler, Martina 24, 151, 176 – Strauss, F. 160/161, 174 – Studio Adna 114 – Studio Lipov 67, 142
Studio Schiermann 25 – Tuma, Clara 179 – Webb, Philip 100 – Westermann, Jan-Peter 129, 135
Zogbaum, Armin 163

In gleicher Reihe erschienen ...

Lust auf Land
Sommerküche

ISBN 978-3-86244-042-9

Holen Sie sich den Sommer in die Küche – mit 100 Rezepten, die die Farben und Aromen der schönsten Jahreszeit einfangen: ob Kalte Tomatensuppe mit Knoblauch-Croûtons oder Zitronenhähnchen mit Wildkräutersalat, ob Zucchinitarte mit Ziegenfrischkäse oder Erdbeerkaltschale mit Lavendel und Sahne. Die schönsten Sommerideen aus der Landküche zum Schlemmen und Genießen, fürs Grillfest, die Gartenparty oder ein Picknick im Grünen.

CHRISTIAN

www.christian-verlag.de

Alles, was das Leben schön macht.

Die besten Ideen kommen vom Land.